박종원 질적 연구 총서 시리즈 1

질적자료입력(ViaVoice), 문헌조사(EndNote)와 관리(NVivo 2)

클릭 한번으로 끝내기

I I I I http://cafe.daum.net/etwas777 (온라인상담)

PUKYONG NATIONAL UNIVERSITY PRESS
부경대학교 출판부

박종원 질적 연구 총서 시리즈 1

질적자료입력(ViaVoice), 문헌조사(EndNote)와 관리(NVivo2) 클릭 한번으로 끝내기

2007년 2월 26일 초판 1쇄 발행
2009년 3월 25일 초판2쇄 발행

저 자 | 박 종 원
발행인 | 박 맹 언
발행처 | 부경대학교 출판부
주 소 | 부산광역시 남구 대연3동 599-1
전 화 | (051) 629-6913
F A X | (051) 629-6917
E-Mail | upress@pknu.ac.kr

값 12,000원

ISBN 978-89-91131-23-1 93740

들어가기

일반적으로 알려진 질적 연구는 매우 신비롭게 인식되고 있거나 엄청난 오해를 받고 있다. 실증주의를 바탕으로 한 통계 연구에 익숙한 사람들에게는 양적 연구가 줄 수 있는 매력, 즉 일반화와 통계 패키지를 통한 한 번의 클릭으로 결과를 도출해 나가는 과정은 매우 매력적으로 보일 수도 있다. 그러나 한 클릭의 단계로 가기 까지 연구 디자인 설계부터 측정 도구 개발까지 연구자가 투자해야 할 시간은 양적 연구나 질적 연구 모두 별 차이가 없어 보인다.

차이가 있다면 질적 자료 자체가 가지고 있는 연구 초기단계에서의 특유의 무질서가 미지의 세계에 대한 탐험이 주는 즐거움 보다는 주어진 시간 안에 논문을 끝내야만 하는 연구자에게는 엄청난 삶의 무게로 다가오는 것이 사실이다. 그래서 질적 연구를 수행해 본 경험이 없는 사람들조차도 이렇게 입을 모아 말한다. "질적 연구는 시간이 너무 많이 걸린다. 그래서 졸업 시기를 놓치는 경우가 많고 빨리 졸업하고 싶다면 양적 연구를 택하는 것이 좋다."

문제의 초점은 시간이 아니고 연구자가 가지고 있는 질문의 유형과 연구 목적에 달려있다. 연구자의 질문이 가설 검정이 아니고 현

상에 대한 이해와 탐구 그리고 본인의 연구 결과물의 막연한 일반화 보다는 연구자가 속해 있는 현장에 줄 수 있는 변화와 영향이라면, 연구자의 선택은 분명 질적 연구가 되어야 할 것이다. 영어 교육에 종사하고 있는 우리들에게는 특히 잘 다듬어진 연구 디자인과 정교한 분석을 통한 통계 연구 결과물이 반드시 우리가 각자 속한 현장에 모두 적용 될 수 없음을 알고 있다. 상황과 맥락을 배제한 통계적 의미의 일반화가 현장에 줄 수 있는 영향력이 매우 제한되어 있다는 사실을 우리는 그동안 많은 논문을 통해 확인하였다.

지금 우리에게 필요한 것은 각자가 속한 현장에 대한 이해와 탐구를 체계적이고 과학적인 방법으로 수행하는 것인데, 질적 연구가 적절한 방법이긴 하나, 시간이 많이 걸린다는 제약이 있다면, 이를 극복할 대안은 무엇일까? 저자는 이 질문에 대한 답을 찾기 위하여 지난 십 수 년 간 구체적인 대안을 모색하고, 논문으로 발표한 적이 있다. 논문이라는 것이 학술적 전통과 특유의 무게가 실린 어조로 독자들에게 전달되다 보니 영어교육에 관심이 있는 일반대중들에게 쉽게 다가가는데 있어 많은 제약이 있었던 것이 또한 사실이다.

이 책은 앞에서 말한 배경과 이유로 등장하게 되었다. 질적 연구를 연구 방법론으로 선택한 연구자가 어떻게 하면 연구를 효율적으로 수행 할 수 있을까에 대한 대안을 그동안 저자의 경험과 관련 논문을 바탕으로 쉬운 어조로 풀어서 설명함으로서 질적 연구의 수행에 소요되는 시간을 최소화 하고 연구의 과정에서 느낄 수 있는 특유의 즐거움을 많이 맛 볼 수 있게 하자는 것이 저자의 집필 의도이다.

저자는 컴퓨터나 컴퓨터 프로그램과는 아무 상관이 없는 영어를 가르치는 것과 영어를 잘 가르치는 것을 연구하는 것을 직업으로 하는 사람이다. 따라서 이 책에서 소개하는 세 가지 프로그램에 대한 내용은 포괄적이고 광범위한 내용이 아니라 저자처럼 연구를 수행하는 사람이 연구를 수행하는데 있어 반드시 알아야 할 핵심 사항을 전달하는 것이 주된 목적이다. 다시 말하면 컴퓨터에 대한 전문적인 지식이 없더라도 누구라도 쉽게 따라할 수 있고 연구 시작부터 끝까지 연구 결과물을 신속하게 도출할 수 있도록 도와주는 것을 목적으로 한다.

이 책의 가장 큰 장점은 영어교육 연구 영역에서 주요한 국내 및 외국 저널들을 모두 모아 창간호부터 2006년 까지 데이터베이스를 구축해 놓았는데 연구 초기 단계에 어떤 연구가 진행되어 왔는지 그리고 어떤 연구가 필요한지를 결정하는 단계에서 매우 중요한 자료가 될 것으로 생각한다. 연구자뿐만 아니라 현장에서 대학원생을 지도하는 선생님들에게 있어서도 학생들을 지도하고 조언하는데 있어 매우 효과적인 도구로 활용될 것으로 기대가 된다.

본서는 연구 지원 소프트웨어의 대표라고 할 수 있는 EndNote, IBM ViaVoice, 그리고 Nvivo를 사용하는 방법을 알려주는 서적이며 CD로 제공되는 자료는 프로그램이 아니며 프로그램 사용 설명에 관한 동영상이다. 동영상은 곰 플레이어 에서 가장 잘 볼 수 있으며, 인터넷에서 프로그램을 받아서 설치하기 바란다. 다운로드를 받을 주소는, http://file.naver.com/view.php?fnum=141653 이다. 다른 프로그램은 아래의 주소에서 개별적으로 구입하기 바란다.

1) EndNote: http://www.endnote.com

2) IBM ViaVoice: http://www-306.ibm.com/software/voice/ViaVoice

3) Nvivo 2 또는 7: http://www.qsrinternational.com

4) Nvivo 국내 정기 워크숍: http://cafe.daum.net/etwas777

5) EndNote, IBM ViaVoice, 그리고 Nvivo 관련 최신 정보 업데이트 사이트: http://cafe.daum.net/etwas777

저자가 진행하는 Nvivo Workshop, 대학원 질적 연구 방법론 강의에서 존경하는 여러 선생님들과 학생들이 준 많은 피드백과 영감이 이 책의 주된 내용이 된 것에 대해 무한한 감사를 드리며, 작지만 알찬 내용으로 실질적인 도움을 주려고 노력하였으나 부족한 부분에 대해서는 http://cafe.daum.net/etwas777을 통해 수정 보완해 나갈 계획이다. 관심 있는 많은 분들의 참여를 바란다.

2007년 2월

부산 이기대 앞 바다에서 저자 박 종 원

목 차

Ⅰ. ViaVoice로 소리를 문자로 바꾸기/ 9

Ⅱ. EndNote로 문헌 조사하기 / 49

Ⅲ. Nvivo로 문헌을 관리하고 글쓰기 / 105

Ⅳ. 부록 CD

I

ViaVoice로 소리를 문자로 바꾸기

1.1. ViaVoice 시작하기

지금부터 배우는 모든 과정은 CD에 제공된 동영상을 통해 반복해서 연습할 수 있다. 동영상을 효과적으로 열려면 인터넷에서 곰 플레이어를 반드시 받아와 설치를 해야 한다.

IBM ViaVoice를 설치한 후에 바탕화면에서 ViaVoice를 두 번 클릭 한다.

최적의 음성 인식을 위하여 ViaVoice가 시작되면 항상 Audio Setup을 해 주어야 한다.

Audio Setup을 클릭 한다.

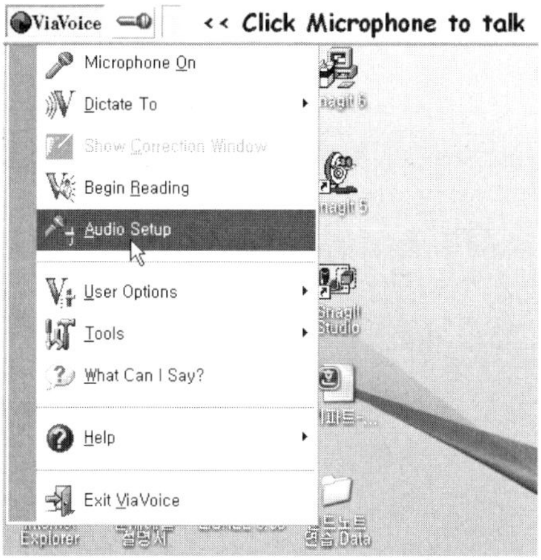

Setup Microphone을 클릭하고 다음을 클릭 한다.

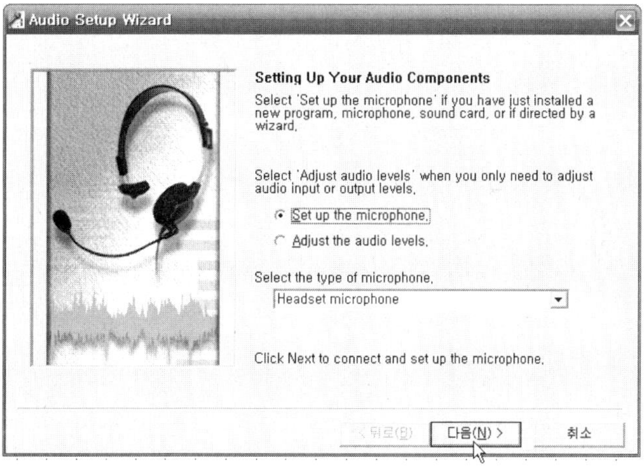

Computer 또는 Headset speaker를 클릭한다. IBM 측에서 프로그램과 함께 제공하는 Headset speaker의 사용을 적극 권장한다. Headset speaker를 선택 다음을 클릭한다.

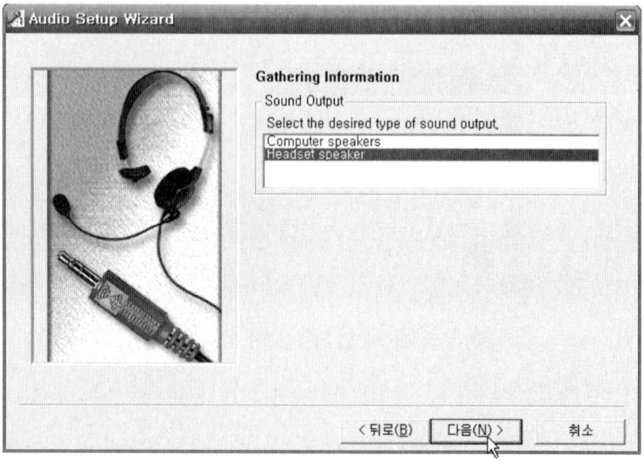

Headset speaker를 컴퓨터에 연결하고 다음을 클릭 한다.

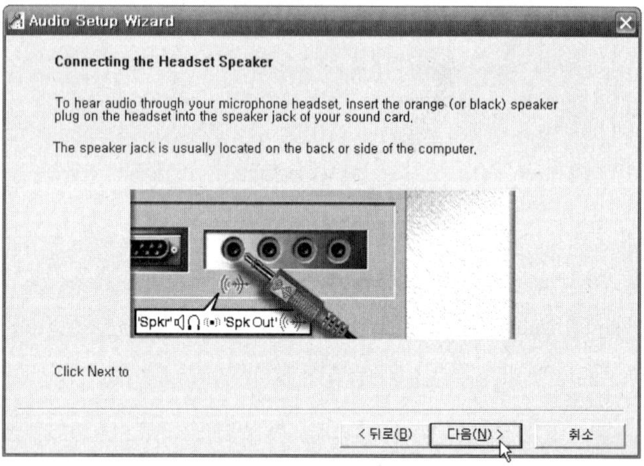

다음을 클릭한다.

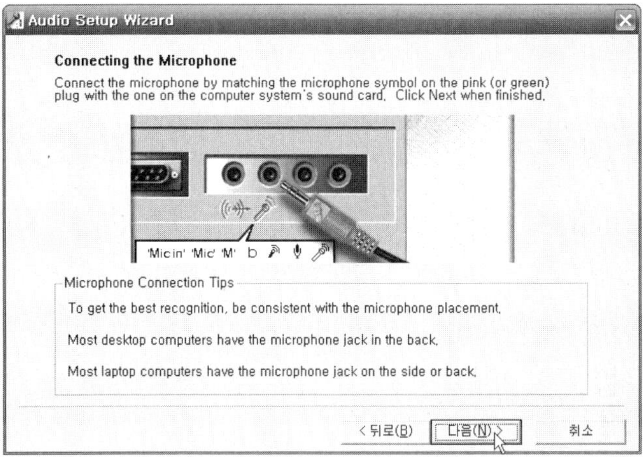

지시에 따라 Headset speaker의 위치를 잡아주고 다음을 클릭 한다.

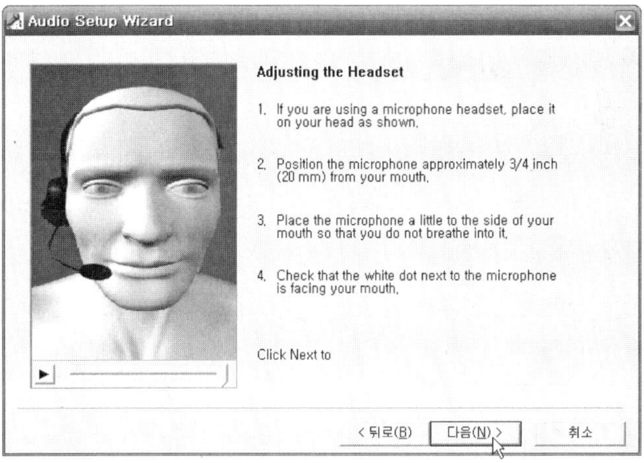

Test를 클릭해서 오디오 상태를 점검한다.

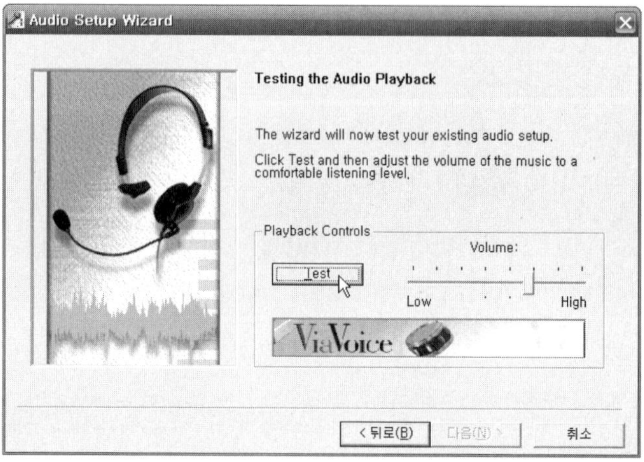

오디오가 정상적으로 작동을 하면 Stop을 클릭하고 다음을 클릭한다.

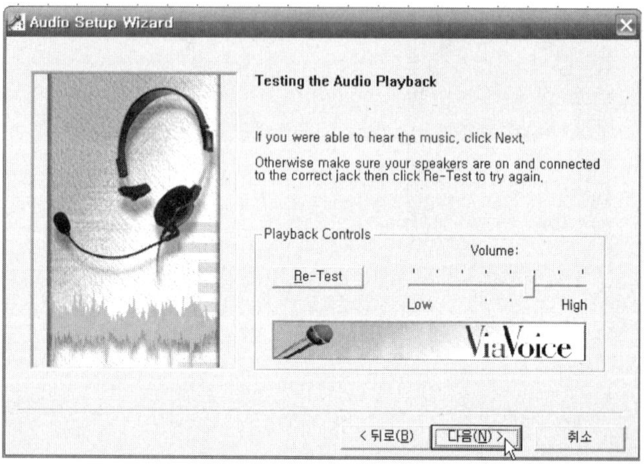

마이크로폰 연결을 종료하고 다음을 클릭 한다.

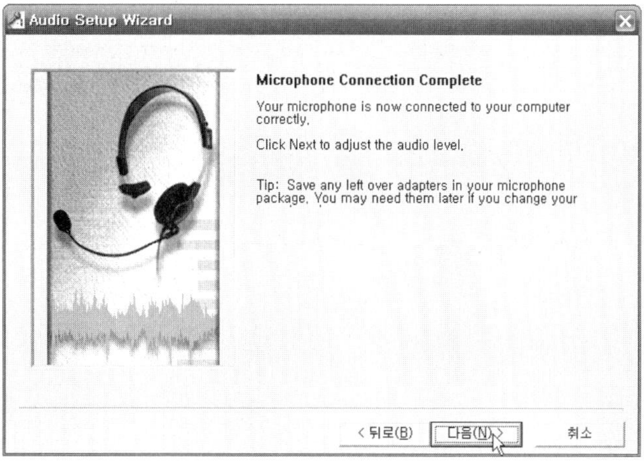

마이크로폰 레벨을 조정하려면 Start를 클릭하고 주어진 문장을 읽어 나간다. 의식적으로 끊어서 읽을 필요가 없으면 자연스럽게 읽어 나간다.

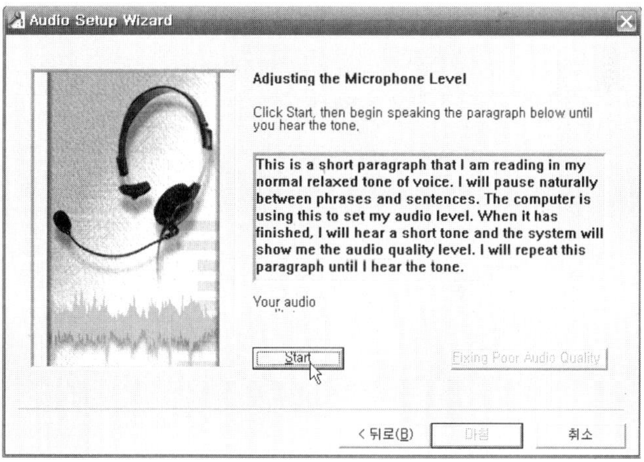

상태가 양호하면 Excellent 또는 Very Good이라는 단어가 위의 그림에서 Your audio옆에 나타난다. 다음을 클릭 한다.

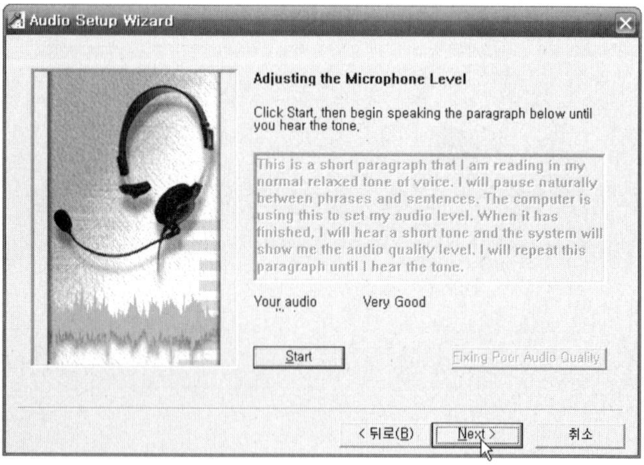

사용자 목소리 모델을 만들려면 다음을 클릭 한다.

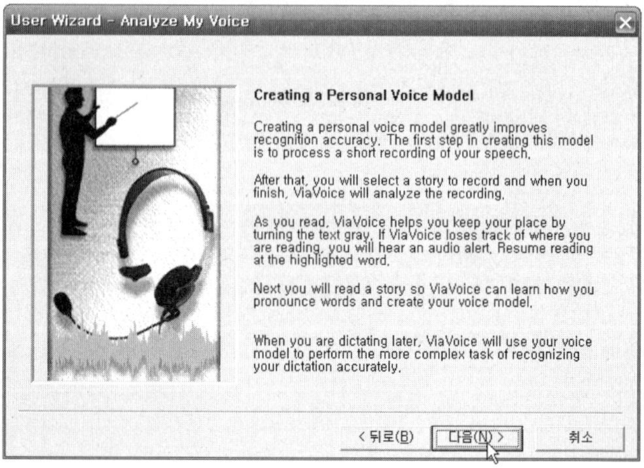

Start를 클릭 하고 주어진 Headset speaker를 통해 문장을 읽어준다.

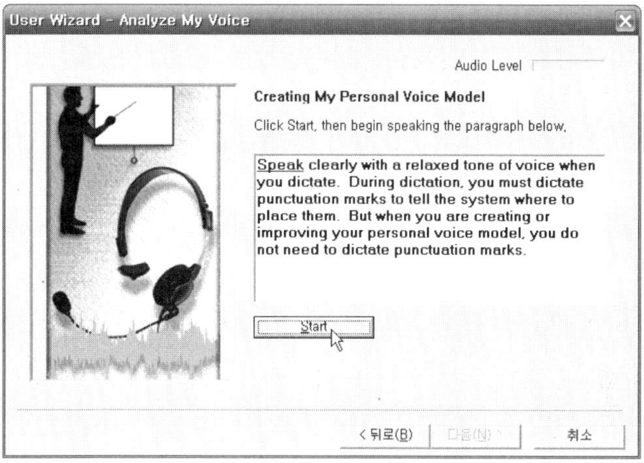

과정이 끝나면 다음을 클릭 한다.

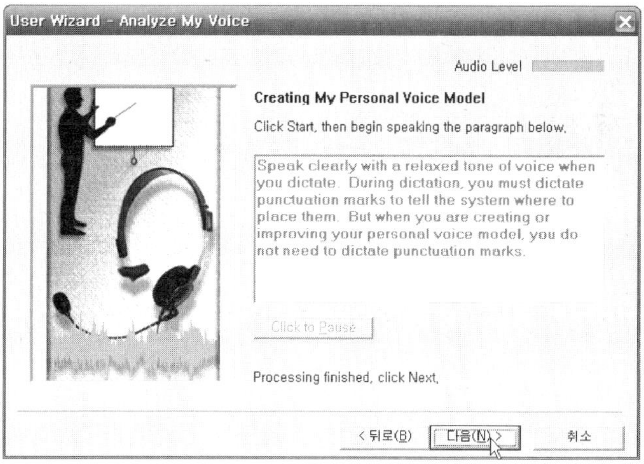

인식률 향상을 위하여 Record my voice를 클릭하고 다음을 클릭 한다.

이야기를 선택하고 다음을 클릭 한다.

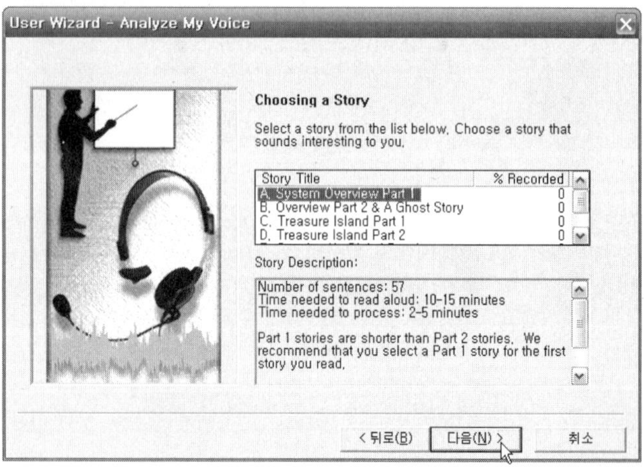

Start를 클릭하고 Headset speaker로 이야기를 읽는다.

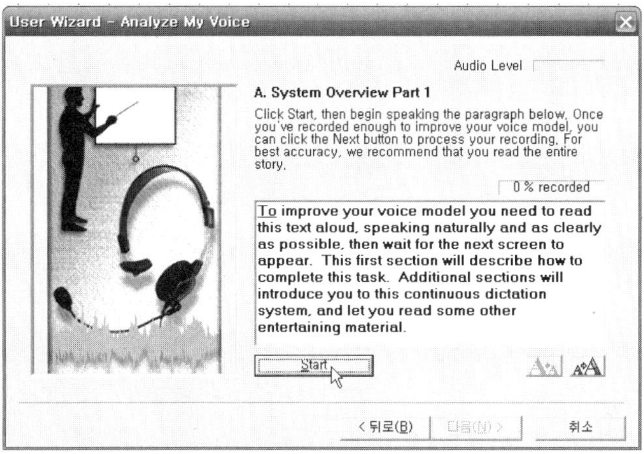

정상적으로 인식이 되면 다음 창으로 자동으로 이동하며 사용자는 주어진 문장을 계속 읽어 나간다. 100% 기록이 되면 선택한 이야기에 대해 내 목소리 분석이 끝난다.

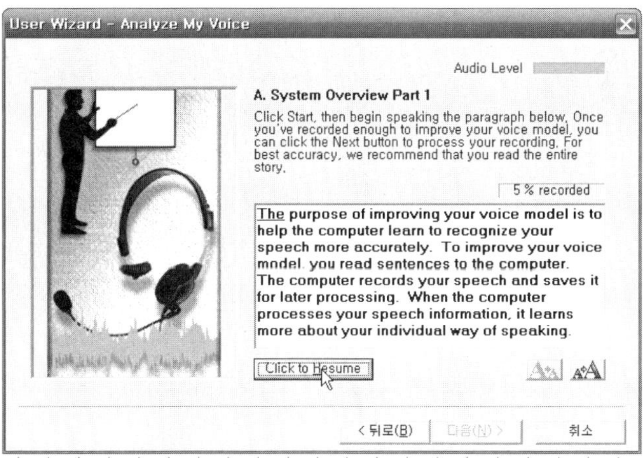

인식률을 높이는 방법으로 ViaVoice에 제시된 모든 이야기를 같은 과정으로 읽어 줄 것을 적극 권장한다. 인식률을 높이는 또 다른 방법은 자주 사용하는 문서를 등록시켜 줌으로서 컴퓨터가 사용자의 어휘목록을 가지고 있다가 유사한 소리를 들으면 곧바로 인식하게 하는 방법이 있다. ViaVoice의 Tools에서 Analyze My Documents를 클릭한다.

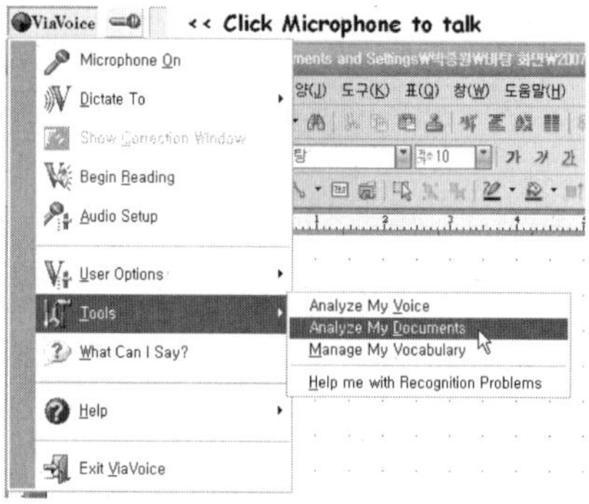

Yes, analyze my documents를 클릭 하고 다음을 클릭 한다.

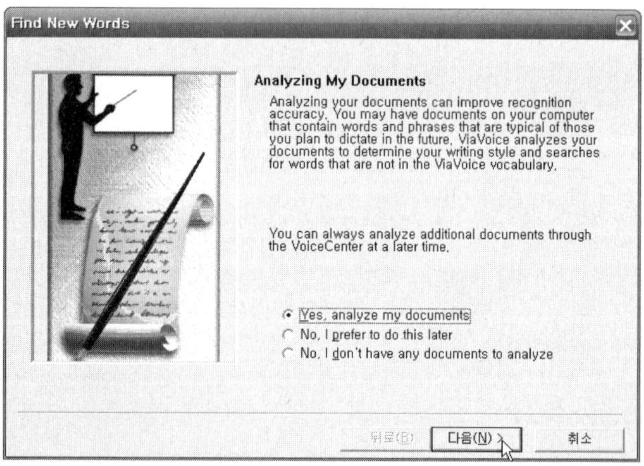

Find를 클릭 한다.

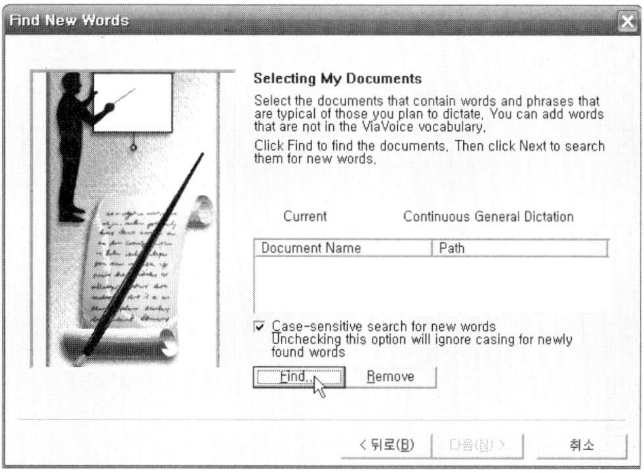

File type의 오른쪽을 스크롤을 해보면 분석하려는 문서의 유형을 선택할 수가 있다.

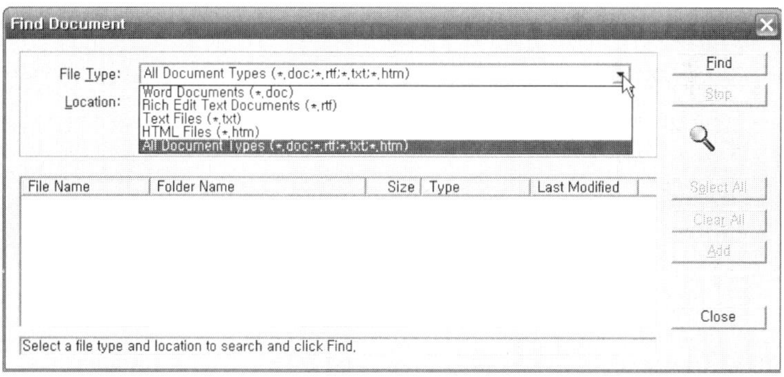

All Document Types를 선택하고 Browse를 클릭 한다.

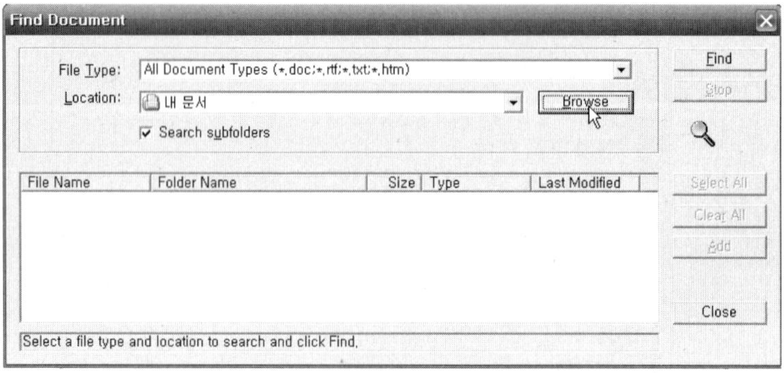

폴더 찾아보기에서 저자는 박종원 문서를 클릭하고 확인을 클릭 하겠지만 여러분들은 여러분들의 컴퓨터에서 본인의 문서가 가장 많은 폴더를 선택해서 클릭하고 확인을 클릭 하면 된다.

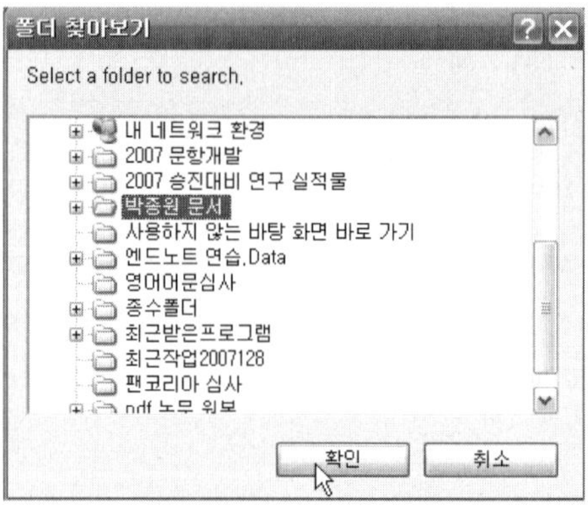

Find를 클릭 한다.

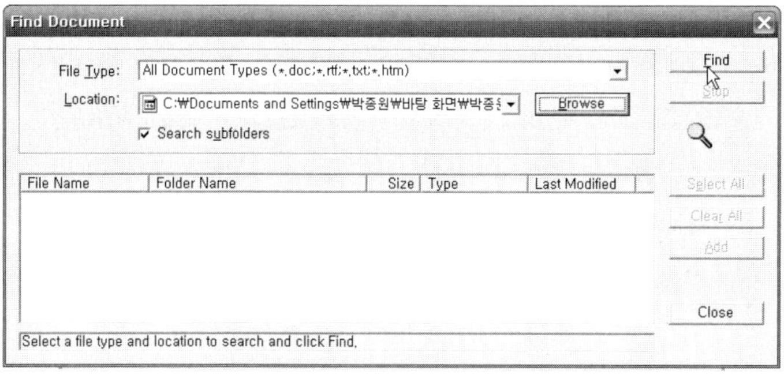

해당하는 문서를 찾아주면 Select All을 클릭 한다.

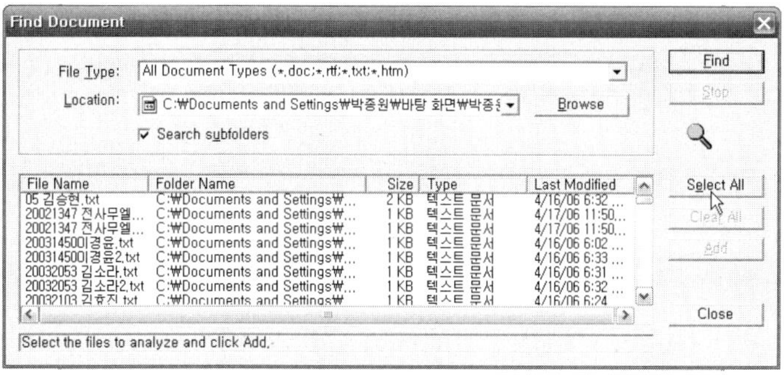

Add, Close를 클릭 한다.

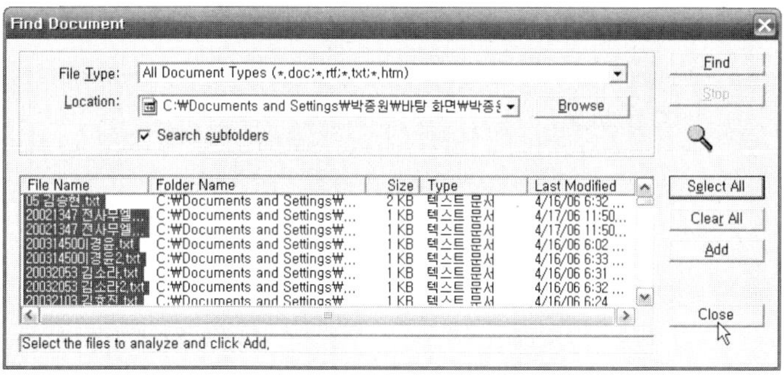

Find New Words에서 다음을 클릭 한다.

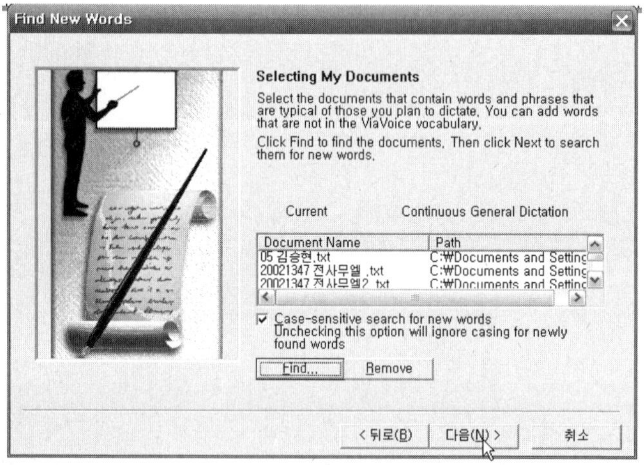

Select all을 클릭 한다.

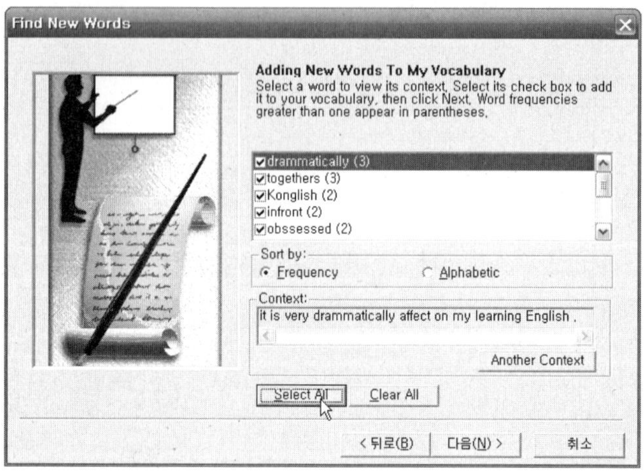

다음을 클릭 한다.

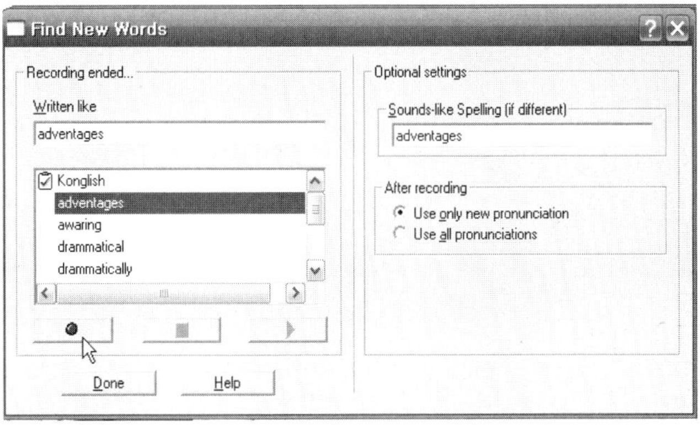

붉은 색으로 표시된 부분을 누르고 Headset microphone으로 개별 단어를 읽어 준다. 개별 단어를 읽어 줄 때 마다 붉은색 버턴을 클릭 한다. 박스 안에 제시된 단어를 모두 읽고 녹음이 끝나면 Done을 클릭 한다. Find New Words에서 최종 결과물을 확인 한다.

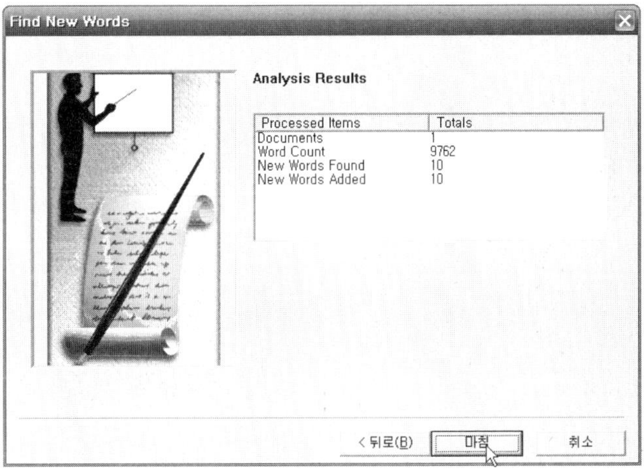

마침을 클릭 한다.

1.2. ViaVoice 명령어 익히기

지금부터 ViaVoice의 다양한 명령어 기능을 익히고 프로그램을 좀 더 효율적으로 사용할 수 있는 방법에 대해서 생각해 보도록 하자. ViaVoice의 명령어는 ViaVoice의 what can I say?에 잘 정리가 되어 있다.

ViaVoice에서 What can I say?를 클릭 한다.

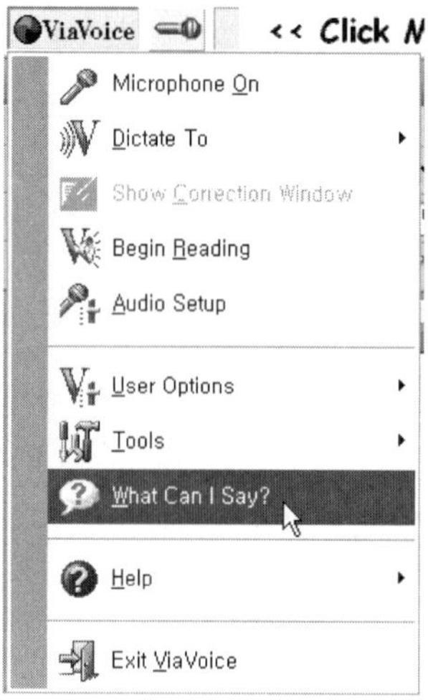

What can I say? 창에는 ViaVoice를 구동하는데 필요한 모든 명령어들이 있다. ViaVoice에서 받아 적기를 할 때에는 소리를 끊지 않고 입력하지만 명령어를 사용 할 때에는 개별 단어를 중심으로 하나하나 끊어서 읽어 주어야 한다. 예를 들면, 받아 적기를 할 때에는 "받아 적어 주세요."라고 말하지만, 명령어를 사용할 때에는 "받아/적어/주시오."라고 읽어 주어야 한다. 가장 많이 사용해야할 명령어로 Begin Dictation, Wake up, Go to Sleep, Microphone off, Begin Reading 등이 있다. 받아쓰기를 하는데 있어 가장 기본적인 명령어이며, 이외에도 어떤 명령어를 사용해야 할지 잘 모를 경우에는 "What can I say?"라고 말하면, 아래의 명령어 목록이 나온다.

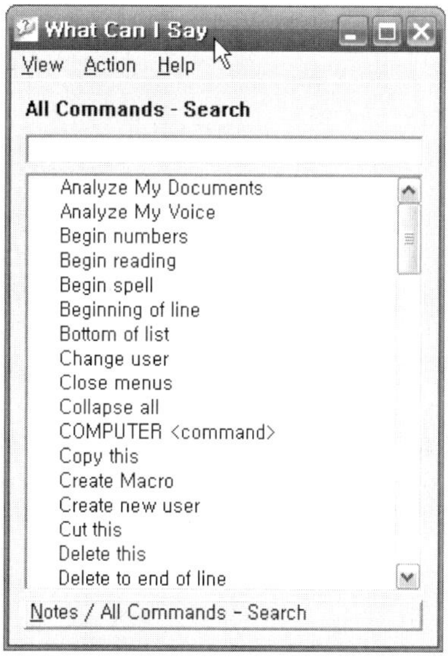

1.3. ViaVoice option 익히기

ViaVoice 〉 User Options 〉 ViaVoice Options를 클릭 한다.

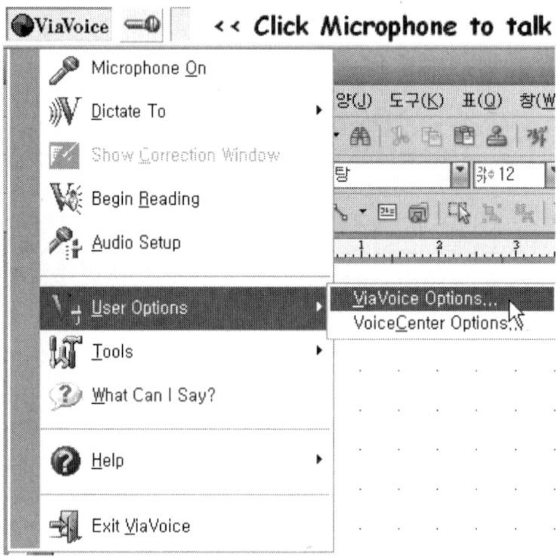

Option에서 User를 보면 Add, Delete, Backup, Restore User가 있다. Add User는 새로운 사용자를 추가 할 때에 사용하며, Delete은 기존의 사용자를 삭제할 때, 그리고 Backup은 현재 사용자 파일을 저장할 때에 사용한다. 컴퓨터가 바뀌거나 다른 환경에서 작업을 할 때에 지금 까지 저장된 목소리를 Backup을 하는 기능을 말하는데, 매우 중요한 기능이므로 그 과정을 시연해 보겠다.

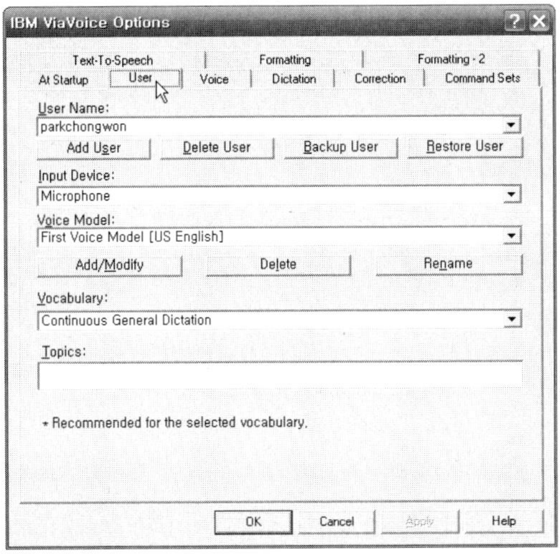

Backup User를 클릭 한다.

Backup description에 2007 My Voice라고 타자를 친다.

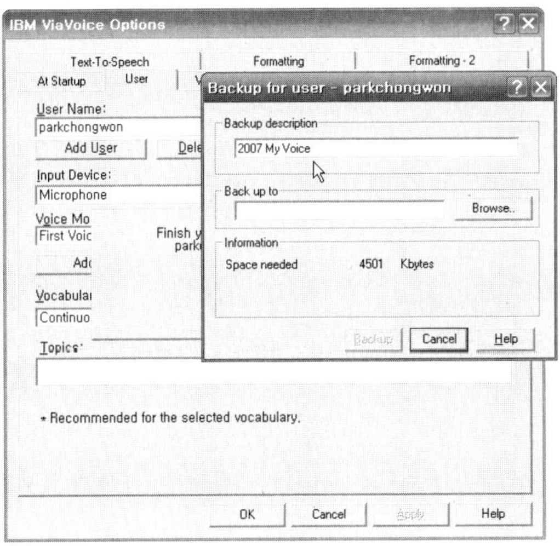

Browser를 클릭 한다. 저자의 경우 쉽게 찾기 위한 목적으로 저자의 컴퓨터의 바탕화면에 저장을 하려고 하고 파일명은 2007 My Voice로 지정을 하였다. 저장을 클릭 한다.

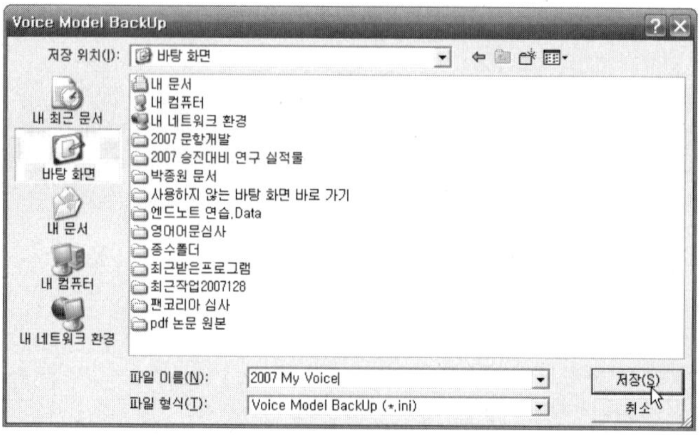

Backup을 클릭 한다.

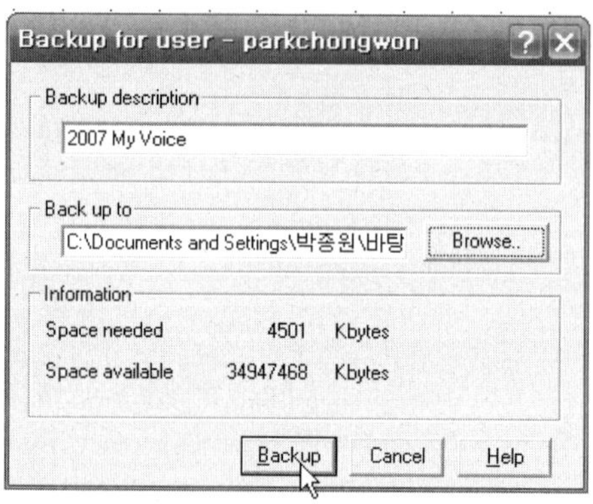

확인을 클릭 한다.

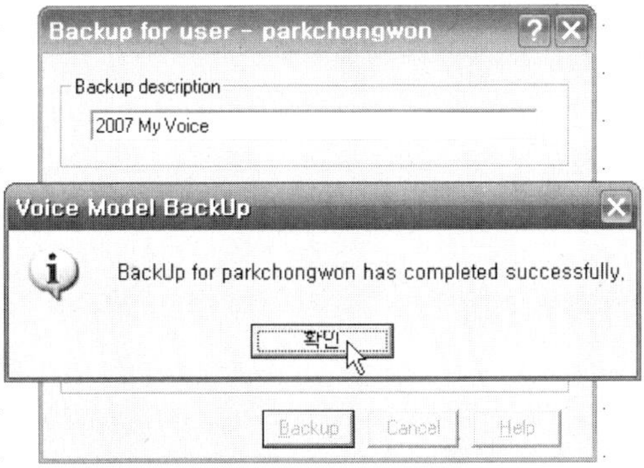

지금 부터는 Backup된 목소리 파일을 불러오는 방법을 알아보도록 하자. ViaVoice Options 〉 Users 〉 Restore User를 클릭 한다.

Restore 〉 Browse를 클릭 한다.

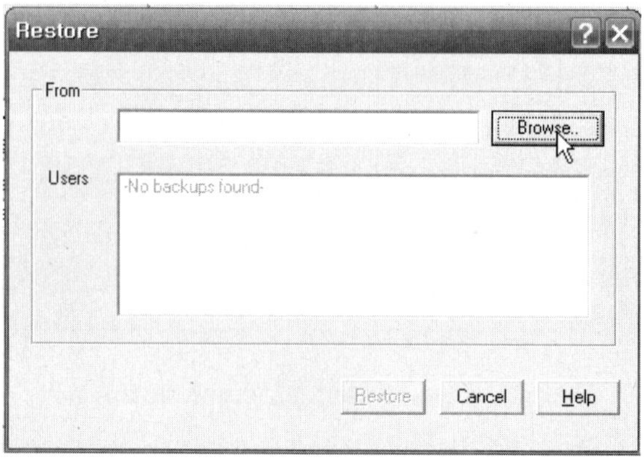

저자의 경우 저자의 컴퓨터에서 바탕 화면에서 전에 Backup을 해 두었던 2007 My Voice를 클릭 하였고 파일 이름이 자동으로 생성된 것을 알 수가 있다.

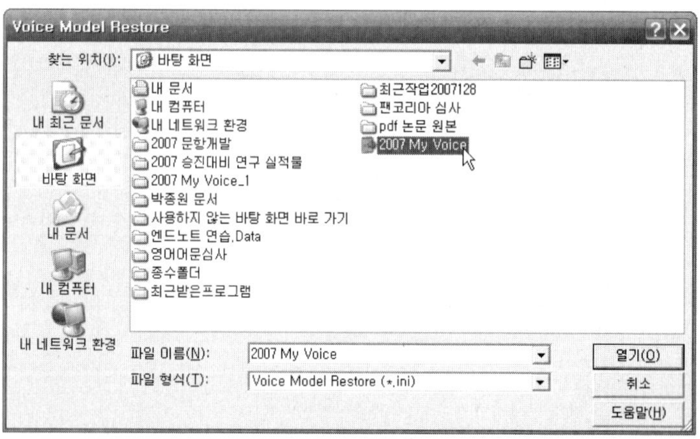

열기를 클릭 한다.

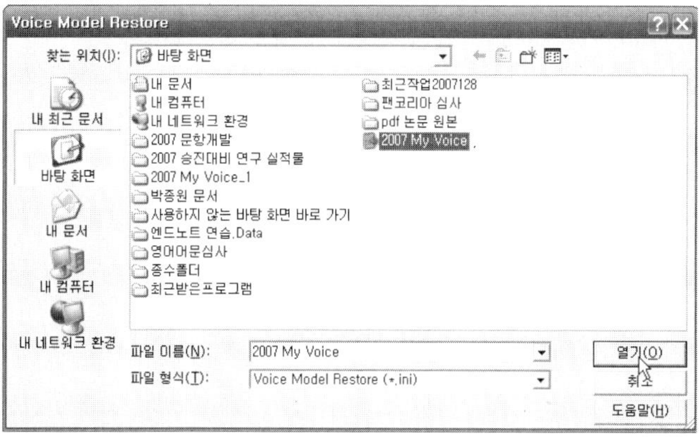

Restore를 클릭 한다.

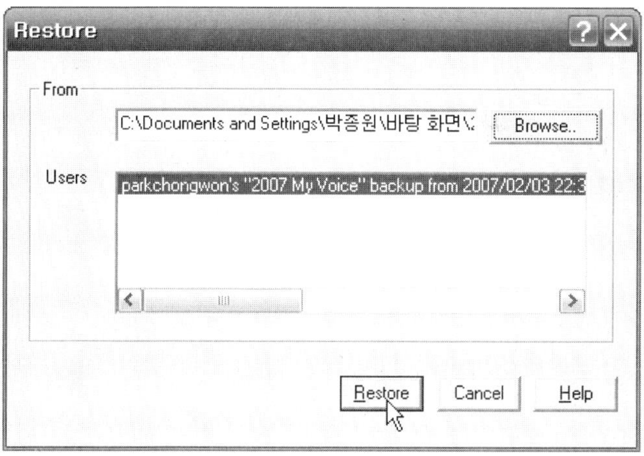

새로운 사용자 이름을 입력하고 OK를 클릭 한다.

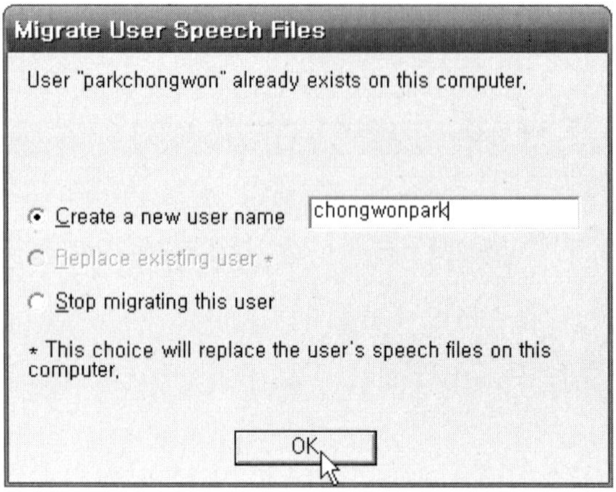

ViaVoice Options로 돌아가서 User Name의 오른쪽을 눌러 아래로 가면, Backup을 해둔 사용자 이름 chongwonpark을 볼 수 있다.

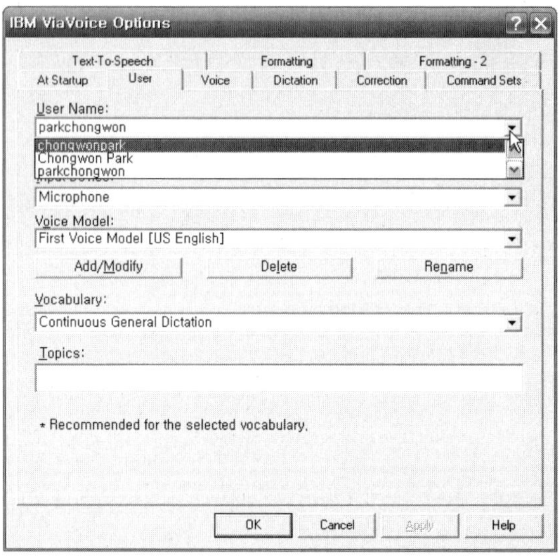

User Name의 하단에서 Apply를 클릭 한다.

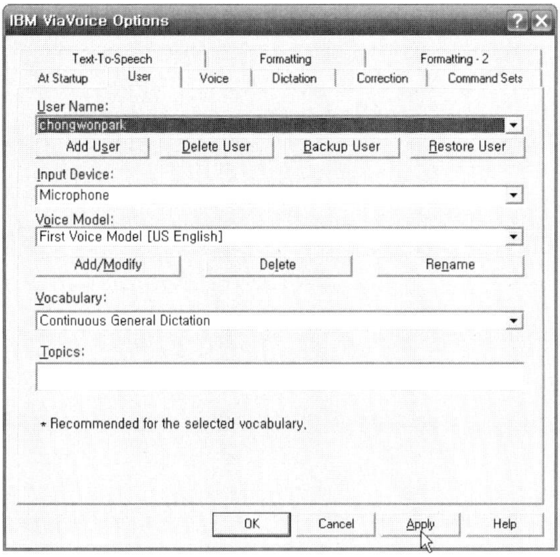

ViaVoice에 대해 워크숍에서 소개를 하면, 영어가 전공이 아닌 청중들은 저자가 영어 전공이다 보니 인식률이 높겠지만, 영어 전공자가 아닌 사람들은 인식률이 매우 낮지 않겠느냐고 반문을 할 때가 많다. ViaVoice가 음성인식 프로그램이고 발음을 정확하게 해 줄때만 좋은 인식률을 보이는 것이 당연하겠으나, 그것 보다 훨씬 중요한 것은 사용자가 얼마나 자주 ViaVoice를 사용하느냐가 더 중요하다. ViaVoice가 발음을 연습할 수 있는 도구로서의 기능보다도 받아 적기에 더 중점을 두다 보니, 사용자가 특정한 단어를 어떻게 발음하는가를 기억하고 파일을 만들어 기록 보관을 한다. 따라서 ViaVoice를 많이 사용하면 사용 할수록 인식률은 더 높아 진다는 의미이다. ViaVoice 사용자는 사용자의 목적에 따라 선택해서 사용을 할 수가 있는데, 이 방법에 대해 알아보도록 하자.

ViaVoice Options 〉 Voice를 클릭 한다.

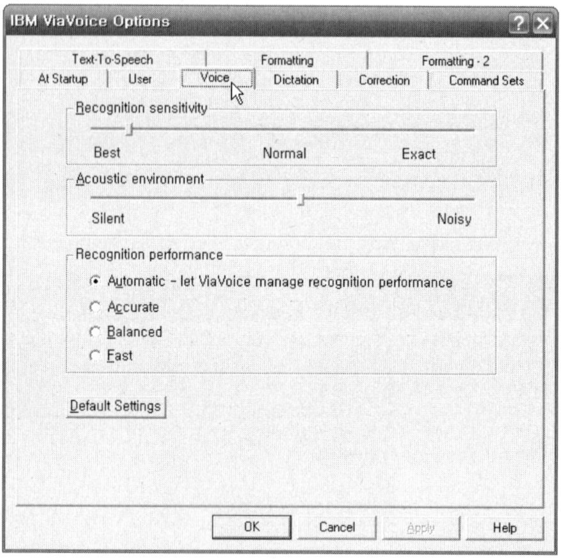

그림에서 Recognition sensitivity를 보면 Best, Normal, Exact의 세 가지 선택 사항이 있다. Best는 사용자의 발음을 유사한 단어와 최적화 시켜서 작업을 한다는 의미이며, Normal은 약간은 엄격한 기준을 적용하며, Exact는 원어민과 유사한 수준의 발음을 해야만 인식을 하겠다는 것을 의미한다. 따라서 사용자의 의도가 단순한 타자 작업이라면 Best를, 발음 연습을 목적으로 한다면 Exact를 선택해야 된다는 것이다. ViaVoice를 시작하면 default로 지정되는 것이 Best이며, 사용자의 목적에 따라 얼마든지 지정해서 사용 할 수가 있다.

Acoustic environment는 ViaVoice를 사용할 때 주위 소음의 정도에 따라 지정해서 사용하는 기능인데, 소음이 거의 없는 것을 Silent, 소음이 많은 것을 Noisy로 분류하고 있고, 사용자가 ViaVoice를 사용할 때마다 사용자가 처한 상황에 따라 지정을 해서 사용하면 된다. 지금 현재의 그림에서는 Noisy 쪽에 더 가깝게 지정이 되어 있는데, 이는 ViaVoice를 시작할 때 자동으로 지정이 된 것이다. 이외에는 특별히 사용자가 지정을 해주어야 할 것은 없고 default setting으로 남겨 두어도 무방하다.

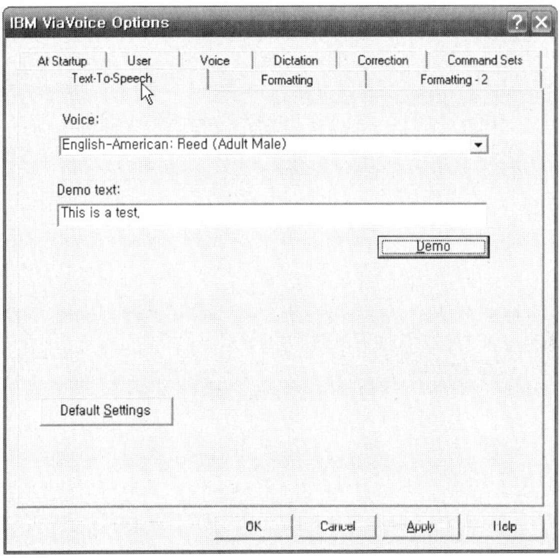

ViaVoice를 사용하면서, 사용자가 누구인지를 ViaVoice에게 알려주는 것은 인식률을 향상하는데 매우 도움이 된다. 왜냐하면, 남자

또는 여자에 따라 맞게 인식하도록 ViaVoice가 훈련이 되어있기 때문이다. ViaVoice에게 사용자가 누구인지를 알려 주려면, Options 〉 Text-to-Speech를 클릭 한다.

Text-to-Speech 아래의 Voice 오른쪽 끝 부분을 클릭 한다. 선택 창을 보면 남자와 여자뿐만 아니라 연령 그리고 가능한 상황에 따라 지정을 해 줄 수 있는 것을 알 수가 있다. English-American: Default (English)가 default로 지정이 되어 있으며 사용자가 지정을 해 줄 수가 있다.

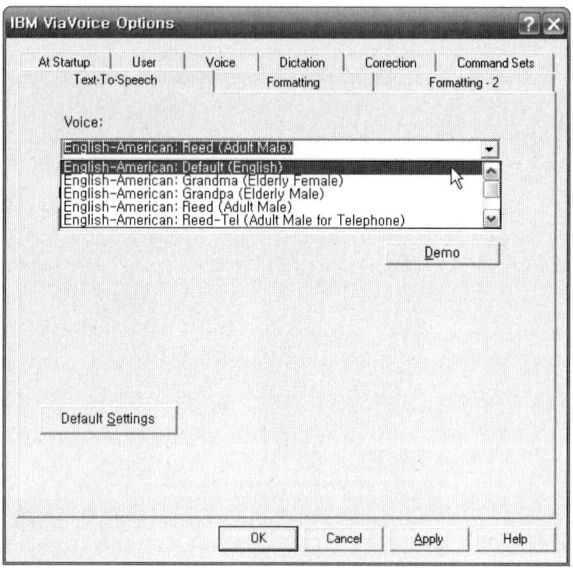

Demo를 클릭 하면 샘플 목소리를 들을 수가 있다.

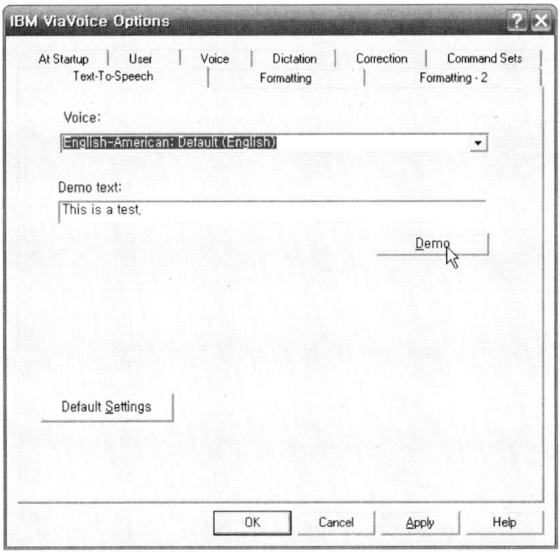
IBM ViaVoice Options
At Startup
User
Voice
Dictation
Correction
Command Sets
Text-To-Speech
Formatting
Formatting - 2
Voice:
English-American: Default (English)
Demo text:
This is a test.
Demo
Default Settings
OK
Cancel
Apply
Help

Apply를 클릭 한다.

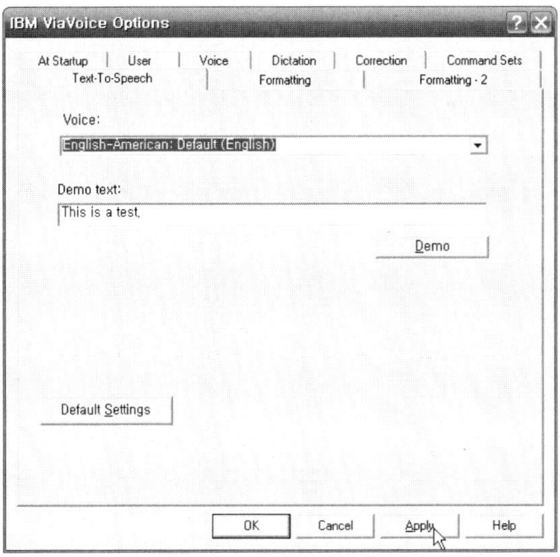
IBM ViaVoice Options
At Startup
User
Voice
Dictation
Correction
Command Sets
Text-To-Speech
Formatting
Formatting - 2
Voice:
English-American: Default (English)
Demo text:
This is a test.
Demo
Default Settings
OK
Cancel
Apply
Help

OK를 클릭 한다.

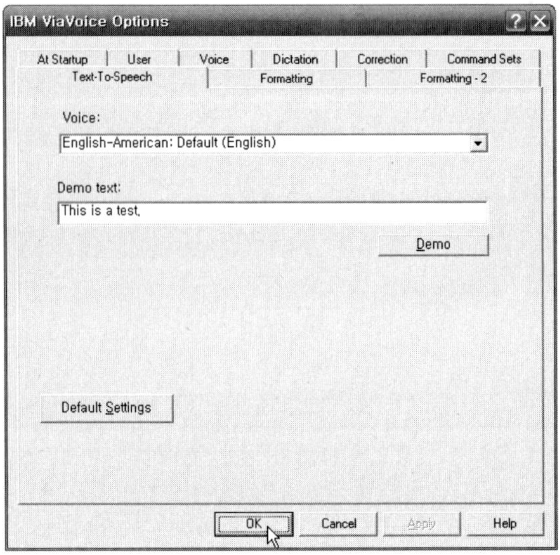

IBM ViaVoice Options
At Startup
User
Voice
Dictation
Correction
Command Sets
Text-To-Speech
Formatting
Formatting - 2
Voice:
English-American: Default (English)
Demo text:
This is a test.
Demo
Default Settings
OK
Cancel
Apply
Help

1.4. ViaVoice 받아 적기 익히기

ViaVoice를 설치하면 자동으로 컴퓨터의 모든 프로그램에 ViaVoice 프로그램이 설치되고 아이콘이 생성된다. 한글프로그램도 예외는 아니데, 문제는 인식률이다. 엑셀, 한글 등에서 ViaVoice로 작업을 하면 상대적으로 속도가 늦고 인식률이 그리 높지는 않은데 이를 극복할 수 있는 가장 좋은 방법은 ViaVoice pad에서 직접 작업을 해서 전체 선택을 하고 원하는 프로그램에 복사를 하는 것이 가장 효율적이다. 지금부터, ViaVoice pad에서 직접 작업을 하고 다른 응용 프로그램에 옮기는 방법을 공부해 보도록 하자.

ViaVoice 도구 모음에서 마이크를 클릭 한다.

마이크가 켜지면 명령어로 "Dictate to Speakpad" 라고 말한다. Speakpad가 나오면 Headset을 통해 컴퓨터로 말하고 싶은 내용을 명확하게 말해준다. 받아 적기를 끝낼 때에는 "Microphone off" 이라고 말한다.

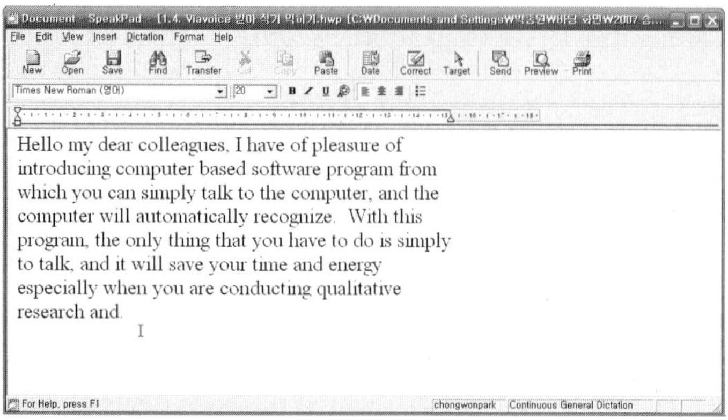

받아 적은 내용을 자세히 보고 잘 못 받아 적은 내용이 있는지를 확인한다.

위의 예에서 첫 번째 줄에 저자는 I have a.... 라고 했는데 실제 받아 적은 내용은 I have of....로 되어 있다. of를 a로 바꾸어 주어야 한다. 먼저 잘못 받아 적은 of에 커서를 고정하고 오른쪽 마우스를 클릭하고 Show Correction Window를 클릭 한다.

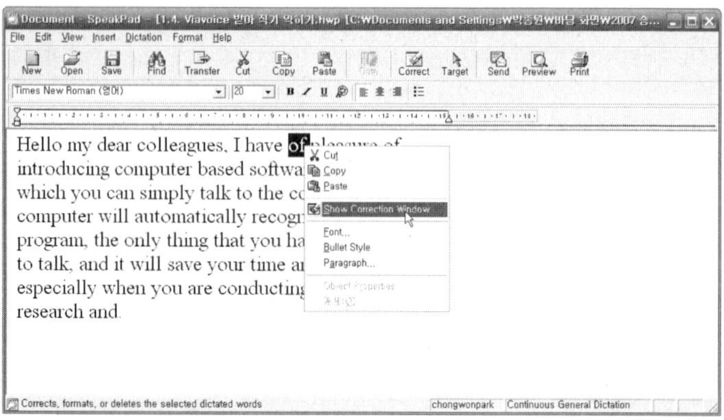

저자가 발음한 것을 자동으로 play back을 해서 들려주는데 이때 a를 입력하고 enter를 친다.

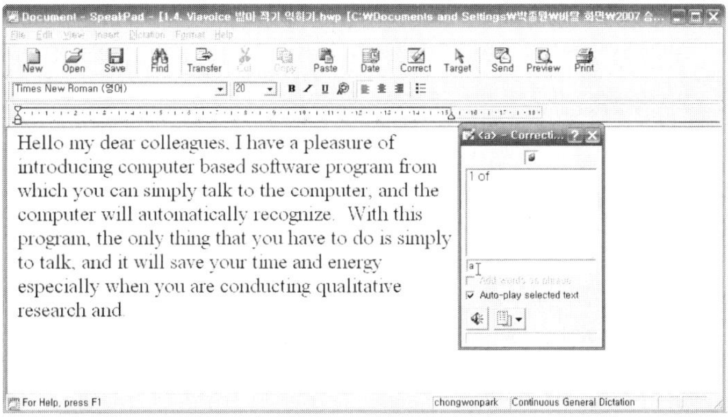

저자가 발화를 한 내용에 대해 다시 듣기를 할 수 있는 범위는 10단어 이내이다. 위의 예로 나온 텍스트에서 첫 번째 문장의 첫 번째 줄을 다시 들어 보자.

듣고 싶은 텍스트의 시작부터 끝까지 마우스로 끌기를 한다.

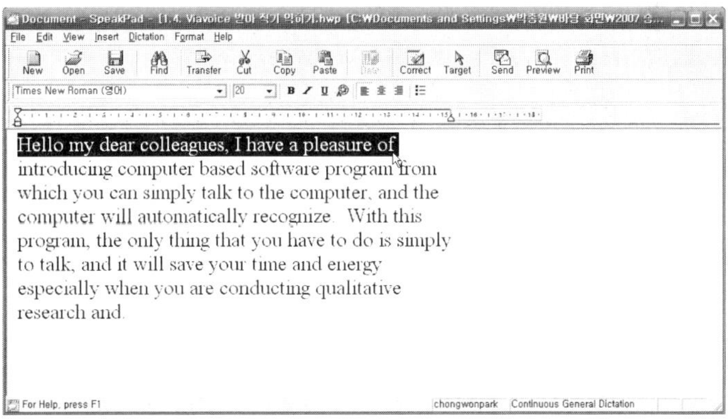

오른쪽 마우스를 클릭하고 Show Correction Window를 클릭 한다.

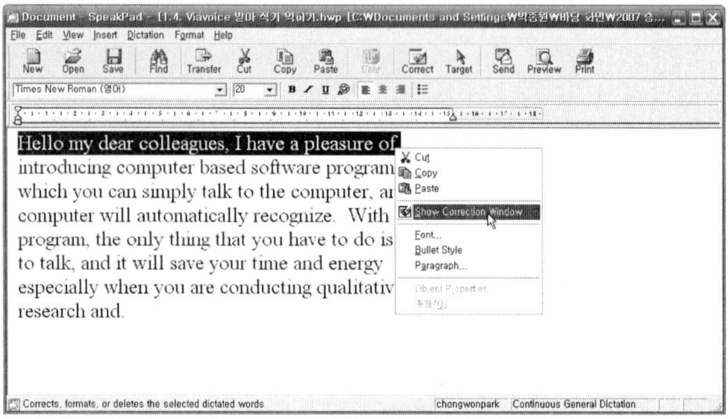

지정한 내용에 대한 사용자의 목소리를 들려준다. 오류 수정을 할 때에 입력한 말이 기억이 잘 나지 않을 때 해당하는 부분만 클릭을 하면, 어떤 부분이 잘 못 받아 적은 부분인지를 확인할 수가 있다. 같은 방법으로 텍스트의 나머지 부분에서 오류를 찾아 고쳐 보자.

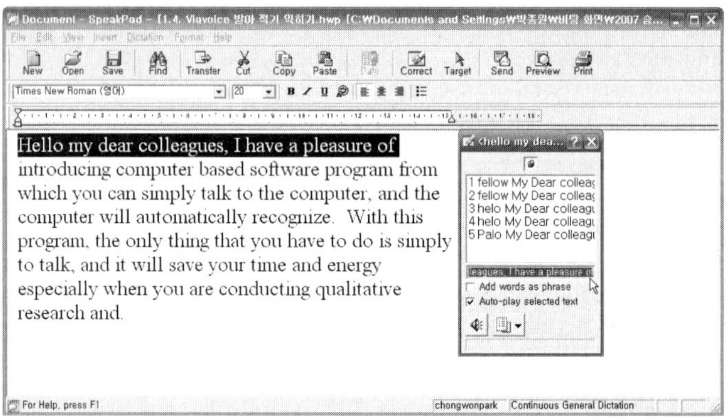

텍스트 수정을 마친 최종 본은 다음과 같다.

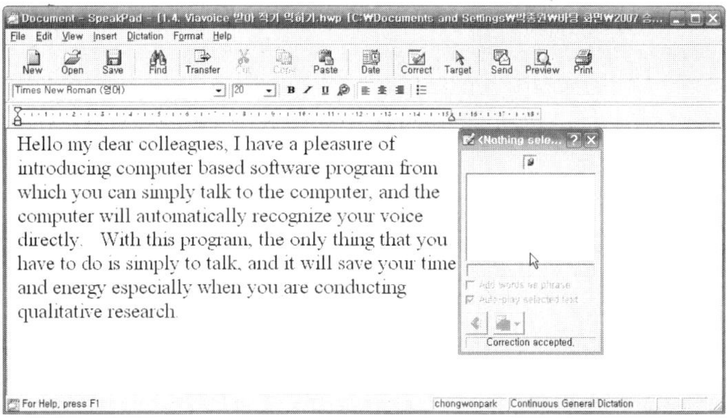

텍스트를 읽는 방법에는 지금처럼 Correction 과정을 통해 읽기도 하지만, 텍스트를 원하는 범위만큼 선택해서 ViaVoice가 읽게 하는 방법도 있다. 이것은 문자를 소리로 바꾸는 과정으로 실생활에 적용 가치가 매우 크다. 엄청난 양의 영어로 된 전자 우편을 전부 읽기보다 ViaVoice가 읽도록 하면, 사용자는 소리를 들으며, 문서의 내용에 대한 깊이 있는 생각을 할 시간적인 여유를 확보하게 되는 것이다. 또 다른 예로 저자의 경우 박사 논문을 전부 ViaVoice로 타자를 치게 하였는데, 작업 하는 과정에서 오타를 걱정할 필요가 없었고, ViaVoice가 작업을 하는 동안에 논문의 내용에 더 충실하게 생각을 보을 수가 있었나. 타자를 칠 경우는 한 단어의 수만큼 직접 입력을 해야 하고 오타도 많을 수 있으나, ViaVoice로 작업을 할 경우 뭉치 개념이다 보니 오타를 걱정할 필요가 없었던 것이다. 영어를 공부하는 학생들이 영작을 하고 과제를 제출 할 때에 ViaVoice를 사용하면 자기가 작성한 영작의 내용에 대해 충실하게 다시 생각해 보는 여유를 가지면서 동시에 작업을 할 수 있을 것이다. 텍스트를 ViaVoice가 읽게 하려면, 먼저 읽을 텍스트의 범위를 마우스로 끌기를 한다. 여기서는 텍스트 전체로 하자. 해당하는 범위를 마우스로 끌기를 하거나 또는 마이크를 켜고 "Select All"이라는 명령어를 말할 수도 있다.

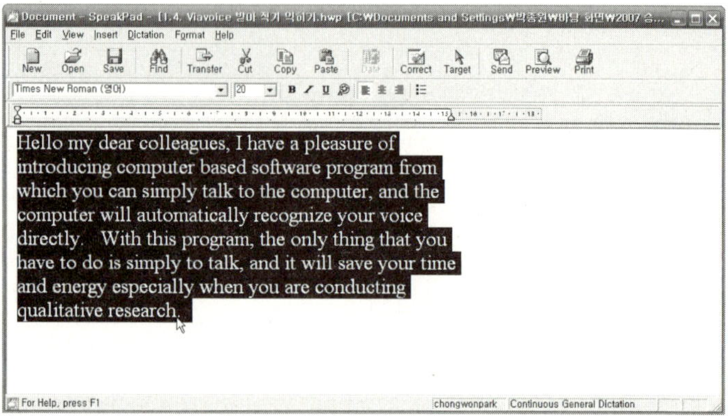

여기서는 마이크를 켜고 "Begin Reading"이라는 명령어를 말한다. ViaVoice 도움이가 나와서 전체 텍스트를 읽어 주고 들어간다. 도움이가 너무 빨리 나왔다 들어가서 지금의 화면으로 받아 올수가 없었으나 독자들은 도움이를 컴퓨터화면을 통해 직접 볼 기회가 있다. ViaVoice로 작업한 텍스트를 다른 응용 프로그램에 옮기는 방법은 텍스트를 전체 선택하고 〉 오른쪽 마우스를 클릭하고 〉 Copy를 클릭 한다.

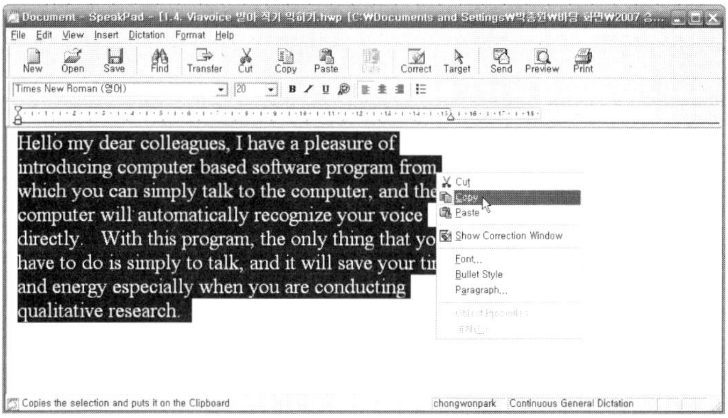

지금 작업한 내용을 한글에 옮기는 요령을 공부해 보자.

저자의 컴퓨터 바탕화면에서 한글 프로그램을 두 번 클릭한다. 여러분들은 여러분들의 컴퓨터에서 텍스트를 옮기고 싶은 응용 프로그램을 두 번 클릭하기 바란다.

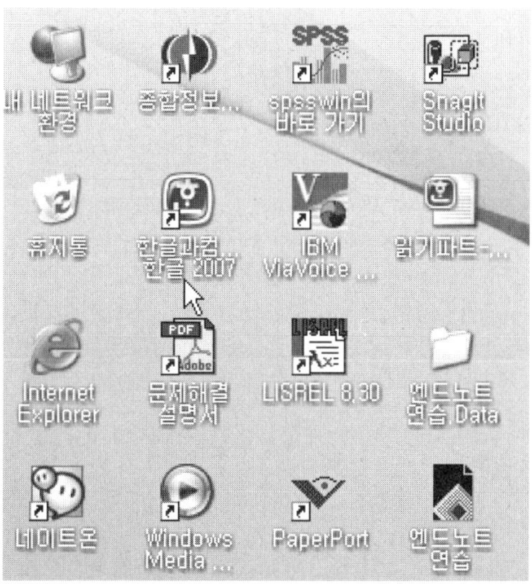

한글 프로그램이 구동이 되고 한글 도구모음에서 편집 〉 붙이기를 클릭 한다.

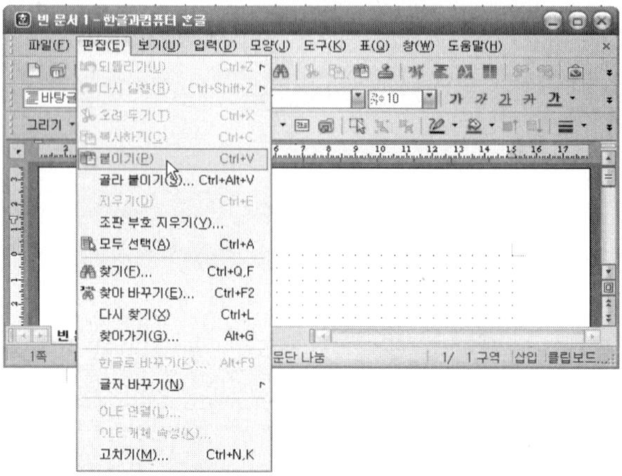

한글에서 옮겨온 텍스트를 다음과 같이 확인을 해 볼 수가 있다.

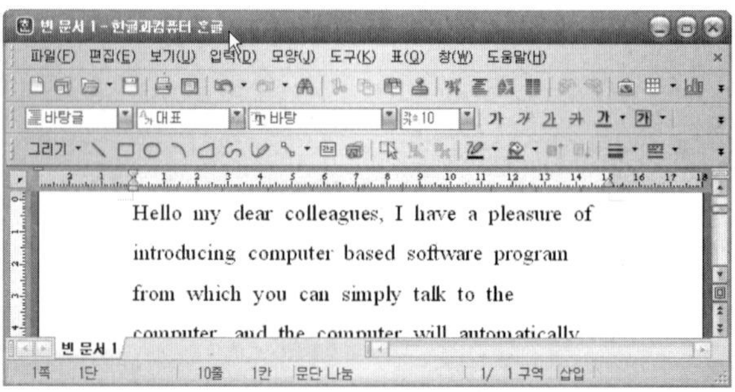

지금까지 ViaVoice로 소리를 문자로 바꾸는 방법을 공부해 보았는데, 2장에서는 EndNote로 문헌을 조사하는 방법에 대해서 공부해 보자.

Ⅱ

EndNote로 문헌 조사하기

2.1. EndNote 시작하기

2장에서는 EndNote를 사용해서 문헌을 조사하고 논문작성에 연계해서 사용하는 방법을 공부해 보도록 하자. 아래의 사용설명 또한 제공된 CD의 동영상을 통해 반복 학습할 수가 있다.

제공된 CD에서 국내 저널 통합본 자료를 본인의 바탕화면으로 불러온다. 여러분들은 CD에서 불러와야하고 저자는 저자의 메모리스틱에서 불러와 보도록 하겠다. 저자의 메모리스틱(G)을 열고, 국내 저널 통합본을 연다. 편집에서 모두 선택을 클릭한다.

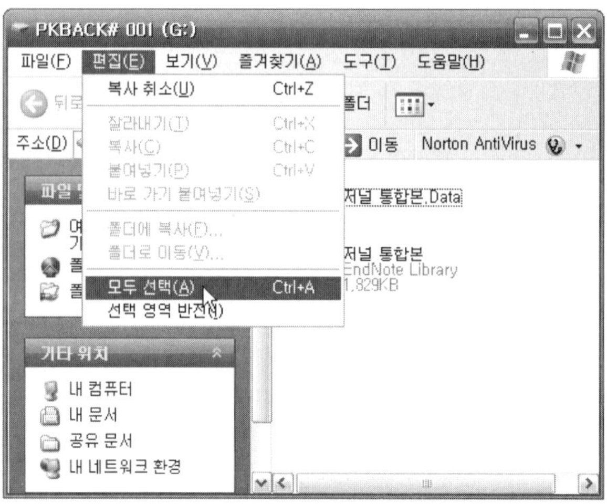

복사를 클릭한다.

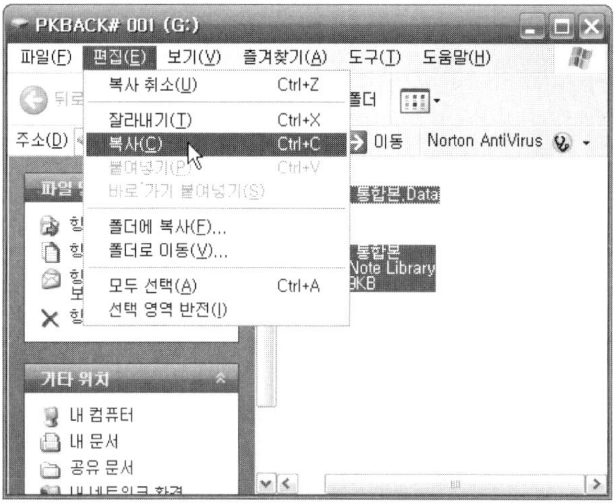

컴퓨터의 바탕화면으로 가서 붙이기를 선택한다. 저자의 컴퓨터의 바탕화면과 여러분들의 컴퓨터 바탕화면은 다르나 중요한 것은 바탕화면에 저널 통합본 파일을 보내는 것이다.

컴퓨터의 바탕화면에서 저널 통합본이 있는지 확인을 한다. 바탕화면에 EndNote를 불러올 때 주의 할 것은 저널 통합본과 저널 통합본 데이터를 동시에 불러와야 정상적으로 EndNote 파일을 열수가 있다는 점이다.

컴퓨터의 바탕화면에서 EndNote 프로그램을 두 번 클릭한다.

EndNote가 시작되면 Open, Open Library를 클릭한다.

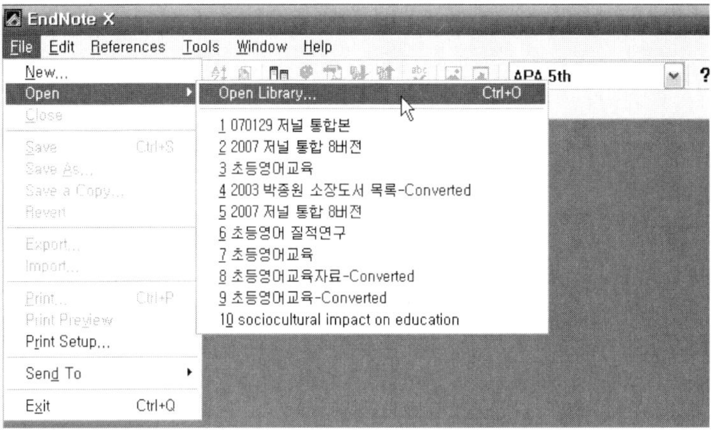

컴퓨터 바탕화면에서 저널 통합본을 클릭한다.

열기를 클릭한다.

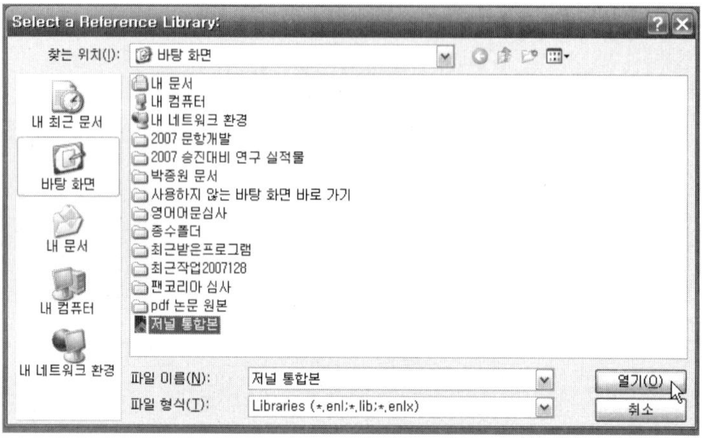

EndNote의 저널 통합본 파일이 열린다.

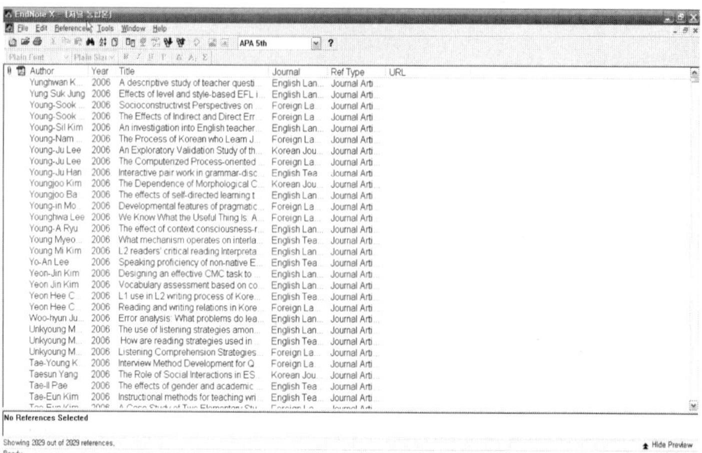

2.2. 새로운 문헌 만들기

EndNote 도구 모음에서 References를 클릭한다.

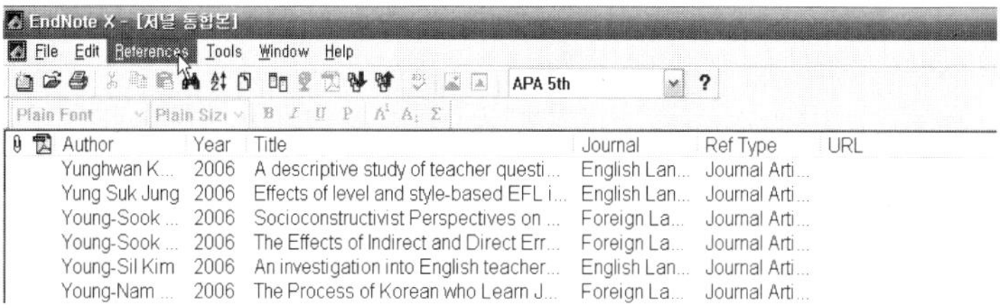

도구 모음집 아래에 보면 인용 형식을 선택할 수가 있다. 한국에서는 일반적으로 저널에서 요구하는 형식이 APA나 MLA양식을 요구하는 경우가 많다. 이외에도 연구자가 필요에 따라 원하는 인용 형식을 한번만 지정해 주면 모든 문헌이 자동으로 바뀐다.

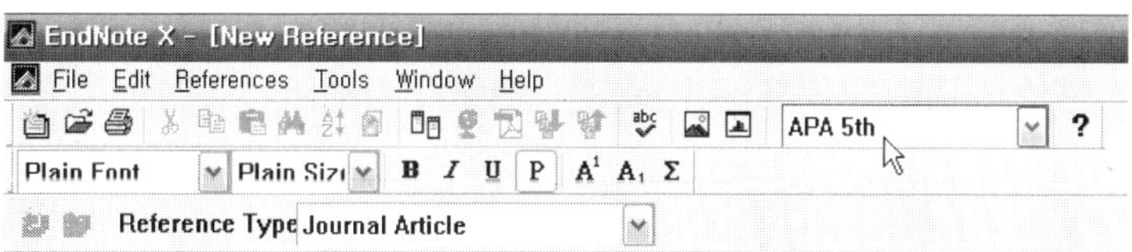

Reference Type의 선택 란을 클릭한다.

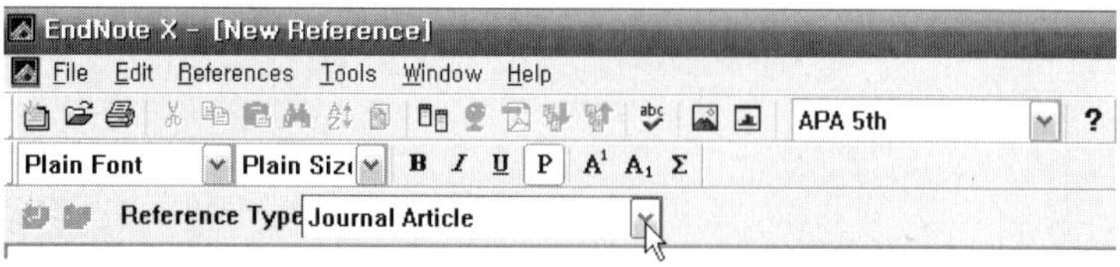

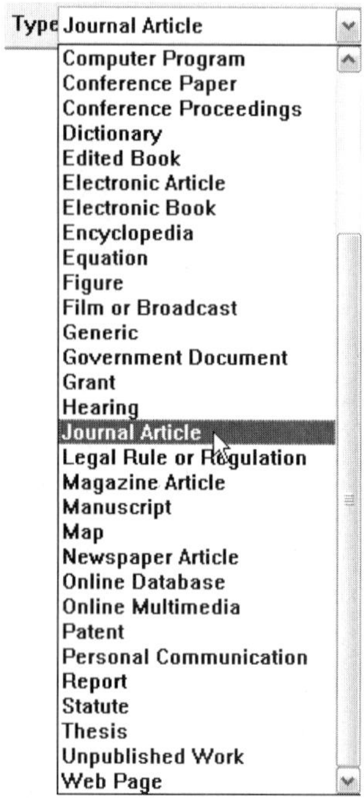

Reference Type을 보면 알 수 있듯이 EndNote에서 저장 할 수 있는 파일의 종류는 컴퓨터 프로그램에서부터 웹 페이지 까지 매우 다양한 것을 알 수가 있다. 저자의 경우는 주로 논문 작업을 목적으로 EndNote를 사용하다 보니 Journal Article을 사용하나 사용자의 용도에 따라 얼마든지 목적에 맞게 사용 할 수 있다. 여기서는 Journal Article을 선택해 보도록 하자.

Journal Article을 선택하면 저자, 년도, 제목, 저널 명, 권, 호, 페이지, 등 필요한 정보를 입력하는 공란이 나온다. 공란에 필요한 정보를 입력한다.

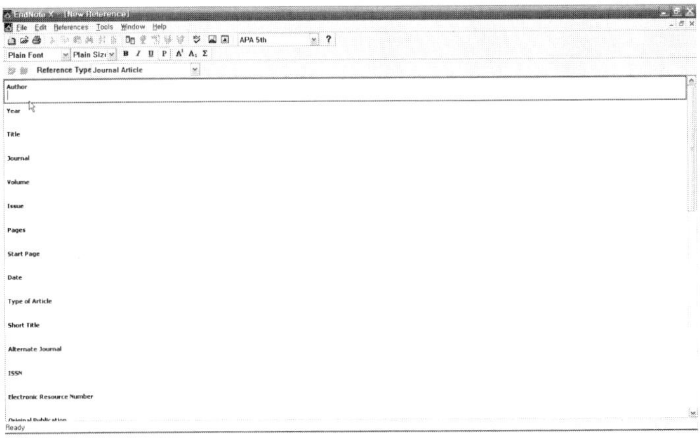

아래의 그림은 저자가 직접 입력을 한 예이다.

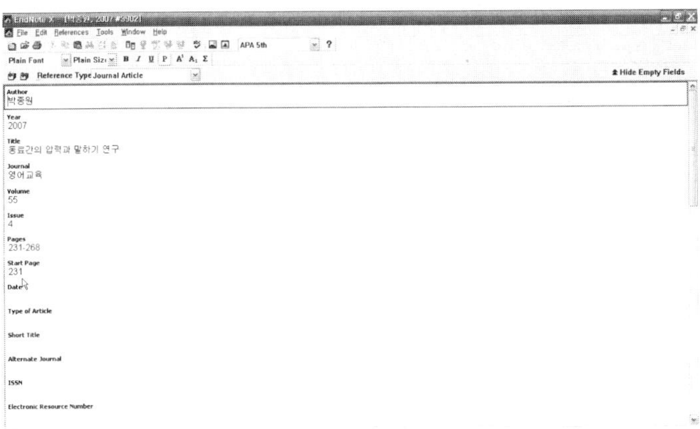

입력란의 아래쪽으로 가면 초록난이 있는데 다음과 같이 논문 초록을 입력한다.

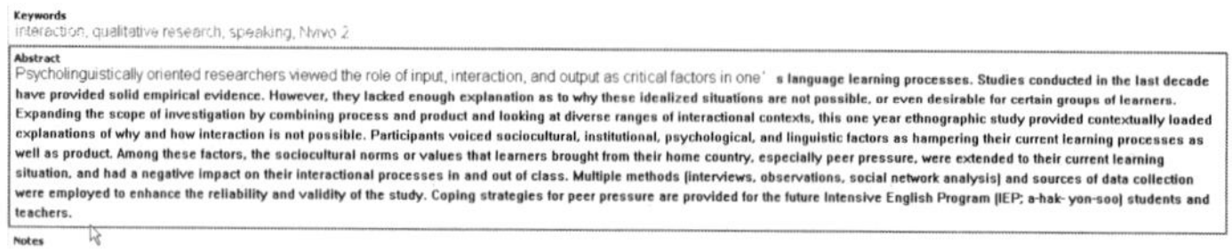

Keywords에 핵심 어구를 입력하고, 초록을 입력한다. 문서를 입력하는 방법으로 직접 타자를 쳐서 입력을 할 수도 있으나, 음성인식이나, 스캐너를 사용하면 더욱 효과적으로 자료를 입력할 수 있다. 최근에는 각 소속 학교 전자 저널로 가면 대부분의 학회지가 전자 문서로 제공이 되기 때문에 필요한 부분만 복사를 해서 위의 해당란에 입력을 하면 된다. 문서의 최대 저장 범위는 single space기준 4 페이지 까지 가능하다. 입력이 끝나면 왼쪽 상단의 창 닫기를 클릭한다. 별도로 저장할 필요는 없다.

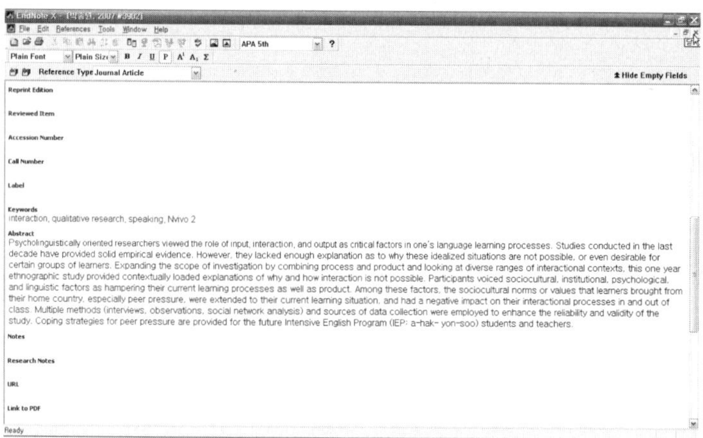

지금작업을 한 동료 간의 압력과 말하기 연구 논문이 새롭게 등록된 것을 알 수 있다.

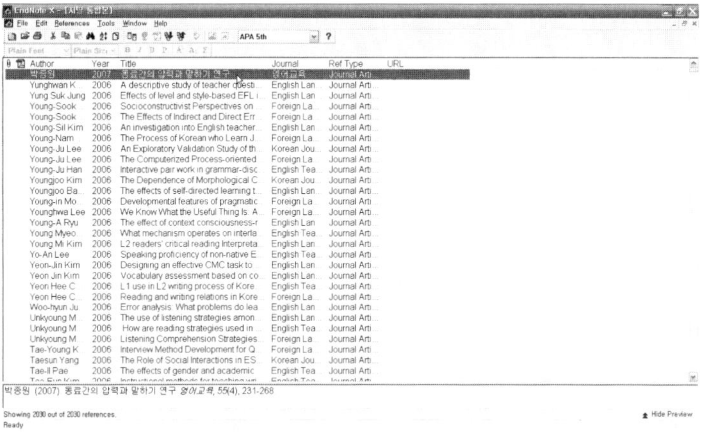

관심 있는 논문이 있으면 해당하는 논문에 커서를 대고 두 번 클릭을 하면 자세한 내용을 볼 수가 있다.

2.3. 문헌 검색하기

EndNote를 열고 도구 모음에서 References, Search References를 클릭한다.

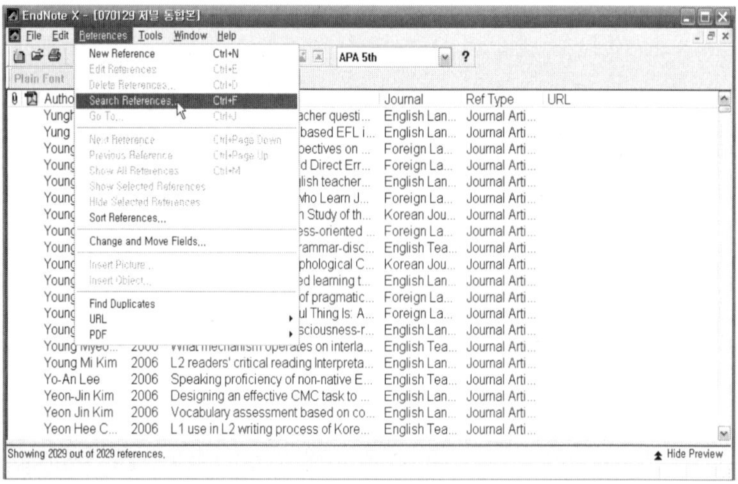

검색창의 오른쪽을 클릭해 보면 검색의 범위를 지정해 주는 선택창이 있다. 아래의 그림을 보면 알 수 있듯이 검색하려는 자료의 범위를 연구자는 스스로 지정을 해 주어야 한다. 검색의 범위를 넓게 하려면 any field를 선택하면 된다.

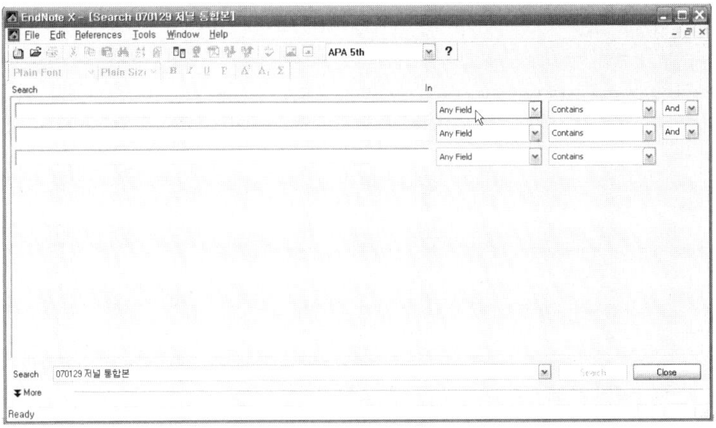

여기서는 연습을 목적으로 qualitative (any field)를 입력한다.

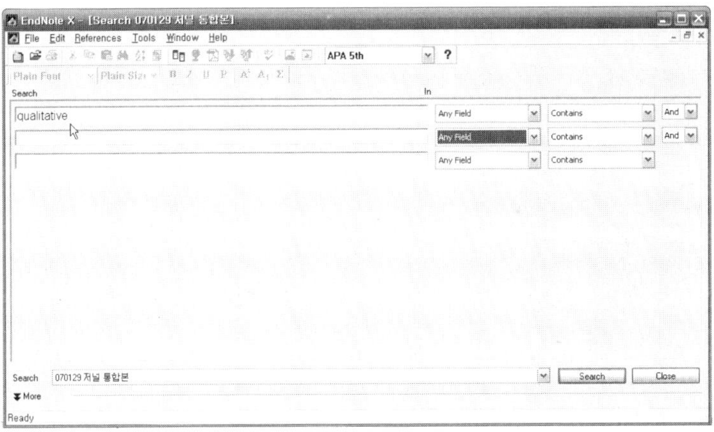

두 번째 선택 란에서 Any Field를 year로 바꾸고, 2006을 입력 한다.

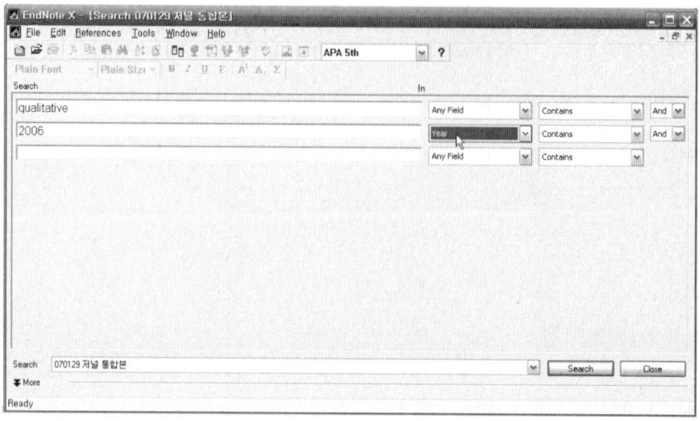

검색창 하단의 우측 끝에 있는 Search를 클릭 한다.

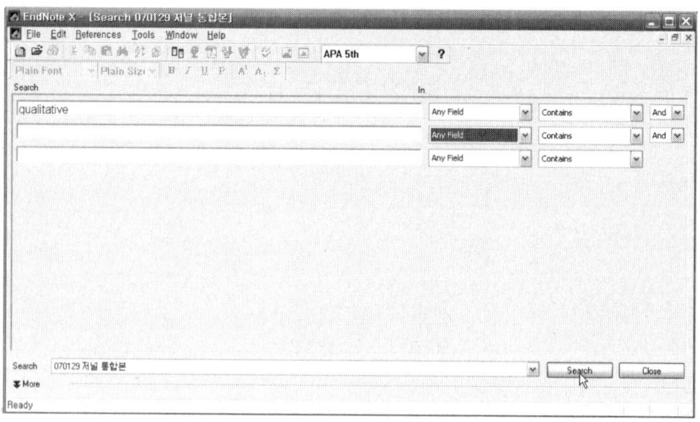

주어진 데이터베이스에서는 총 2029편의 논문 중에서 16편이 2006년에 발간된 논문인 것을 알 수가 있다. 여러분들에게 제공된 CD에 있는 국내저널통합본의 경우 총 3144편의 논문이 최종 등록되어 있다.

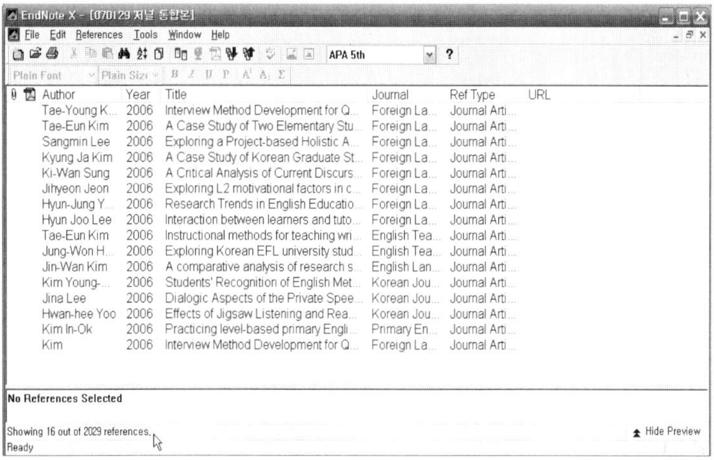

논문의 자세한 내용을 보고 싶으면 해당 논문에 커서를 대고 두 번 클릭을 하면 된다. 같은 방법으로 어떤 특정한 저널에 궁금한 내용이 얼마나 있는지 등의 상세 검색을 할 수 있으며, 검색한 결과를 EndNote 파일로 만들 수도 있고 이 파일을 EndNote를 사용하고 있는 동료들에게 보내거나, 상대방이 EndNote가 없을 경우, EndNote export가 기능을 사용해서 보내려는 자료의 확장자명을 txt나 RTF로 지정을 하는 방법이 있다.

이와 같은 방법으로 연구자간에 활발하게 논문에 대한 정보를 교류할 수가 있을 것이다.

먼저 검색한 파일을 새로운 도서관으로 만드는 방법을 살펴보자. File에서 Select all을 선택한다.

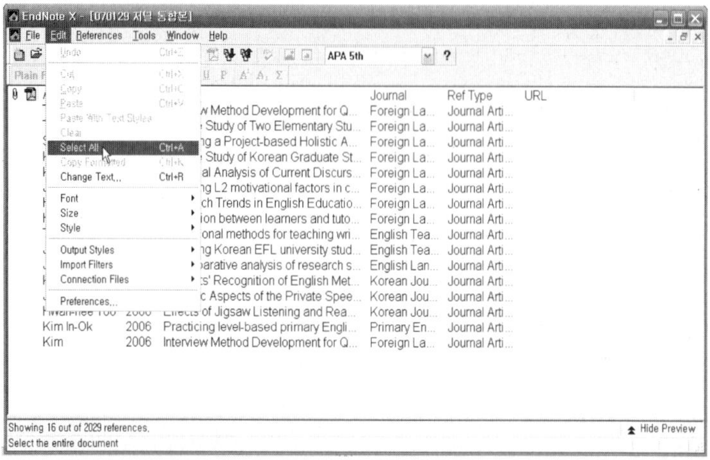

Copy를 선택한다.

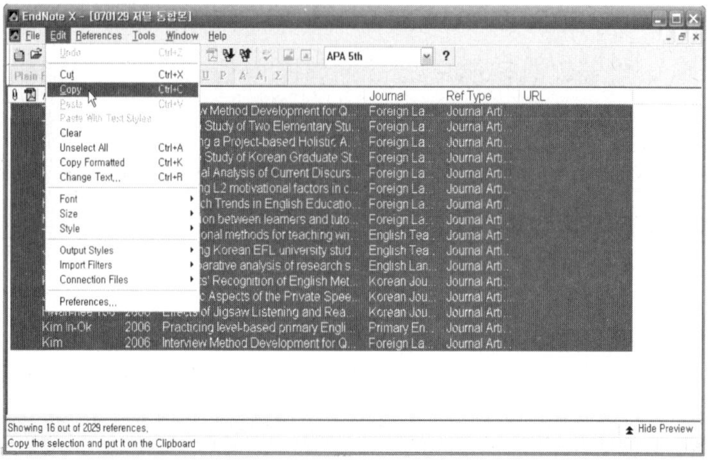

File에서 New를 클릭 한다.

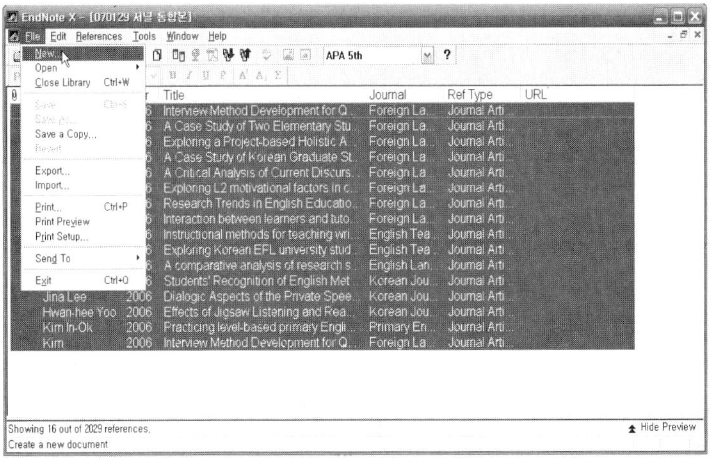

New Reference Library에 엔드노트 연습이라고 입력하고 저장을 클릭한다.

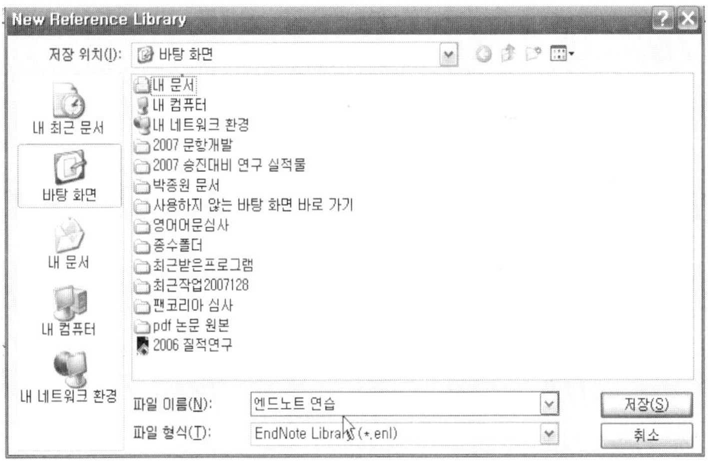

엔드노트 연습 창이 뜬다.

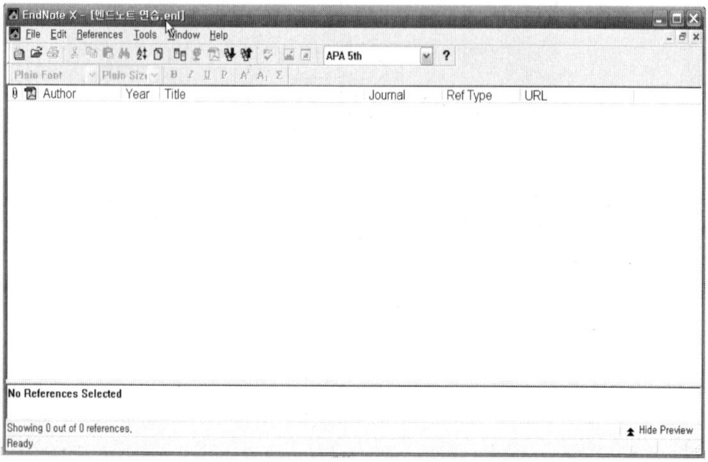

Paste를 클릭 한다.

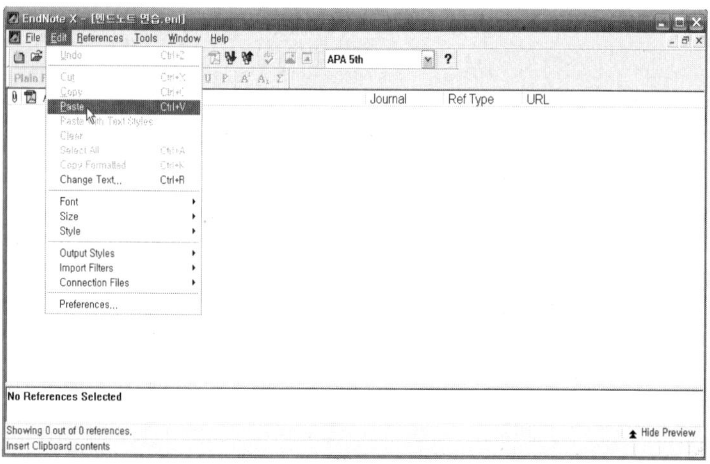

EndNote 연습 파일에 자료들이 들어와 있는 것을 알 수 있다.

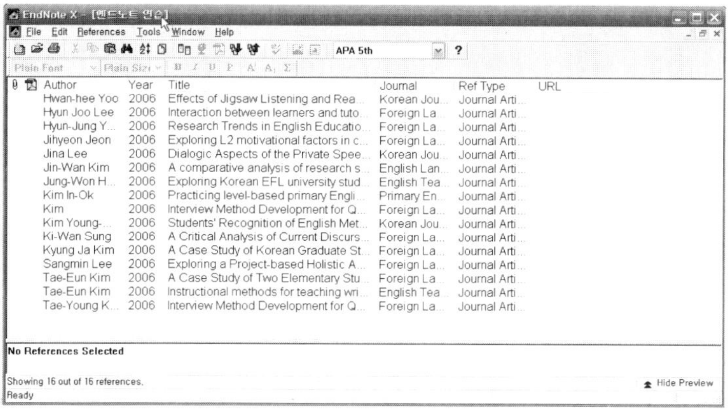

지금 부터는 새로 만든 엔드노트 연습 파일을 txt 또는 RTF 파일로 외부로 보내는 방법에 대해서 공부해 보도록 하자.

File에서 Export를 클릭한다.

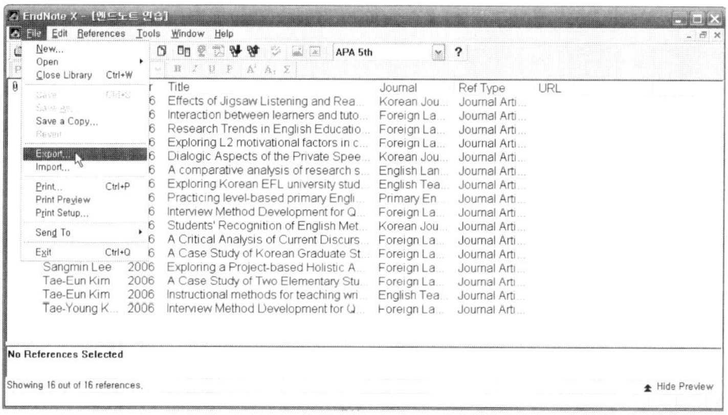

저장을 클릭 한다.

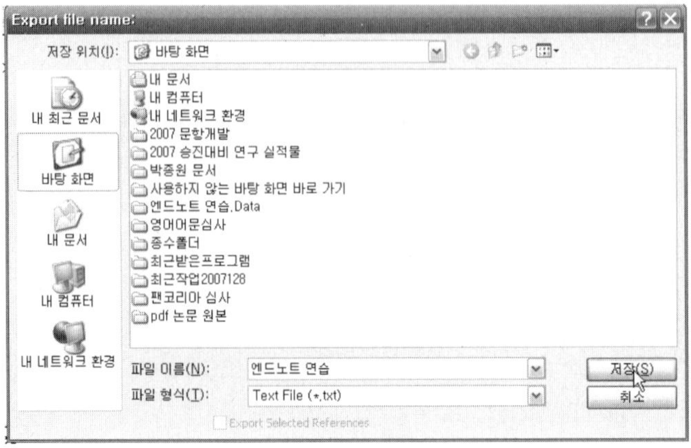

한 가지 다른 방법으로 RTF 로 저장을 하는 방법이 있는데, txt로 보내는 것과는 달리 RTF 는 참고 문헌의 지정한 양식을 파괴하지 않고 그대로 저장이 되어서 나간다는 장점이 있다. 외부로 EndNote 파일을 보낼 때에는 특히 RTF 로 저장을 할 것을 적극 권장한다.

파일 형식에서 ▾를 클릭하면 RTF 선택 옵션을 선택할 수가 있다.

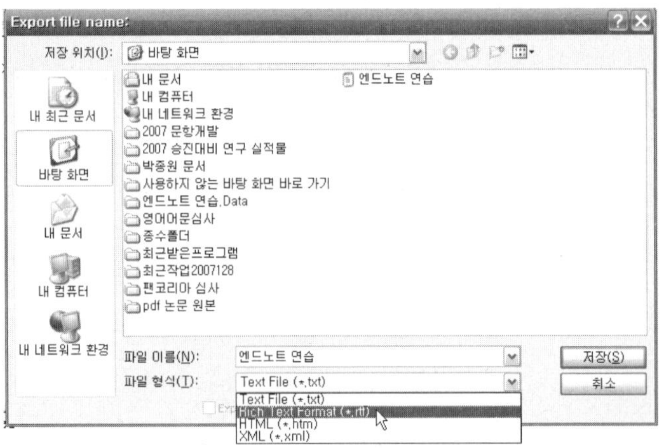

각자의 바탕 화면에 가면 엔드노트 연습 txt, RTF 파일을 볼 것이다.

컴퓨터 바탕 화면에는 엔드노트 RTF 파일을 두 번 클릭 하면 다음의 그림과 같이 마이크로소프트 워드 상에서 EndNote 연습 파일을 볼 수가 있다.

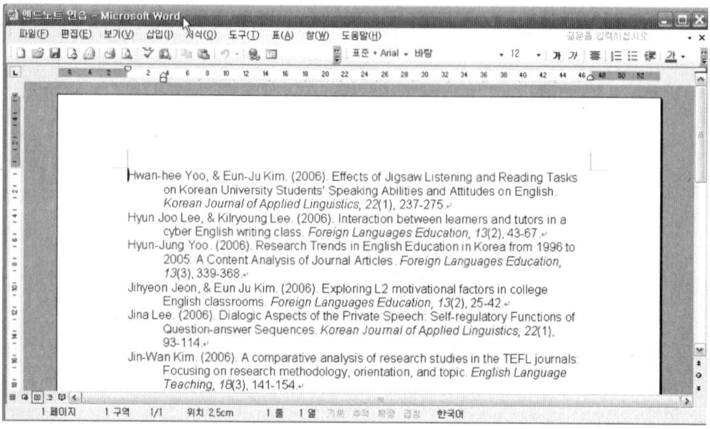

EndNote의 import 그리고 export 기능은 연구자가 관련 문헌에 대한 정보를 동료 연구자와 수시로 주고받을 수 있는 장점을 제공해준다는 점에서 매우 중요한 도구임에 틀림이 없다. 본서에서는 연구 수행에 있어 가장 기본적인 사항만을 다루다 보니 한계가 있으며, 좀 더 자세한 내용은 EndNote에서 제공하는 사용 지침서를 참고하기 바란다.

2.4. EndNote와 마이크로소프트 워드 연결해서 작업하기

지금부터는 EndNote를 응용하여 논문 글쓰기 작업의 속도나 효율성을 높이는 방법에 대해서 공부해보도록 하자.

EndNote와 마이크로 소프트 워드를 연결해서 작업을 하려면 먼저 EndNote를 열고 그리고 다음으로 마이크로소프트 워드를 열어야 한다. EndNote와 마이크로소프트 워드를 열었다고 하고, 마이크로 소프트 워드 문서를 살펴보자.

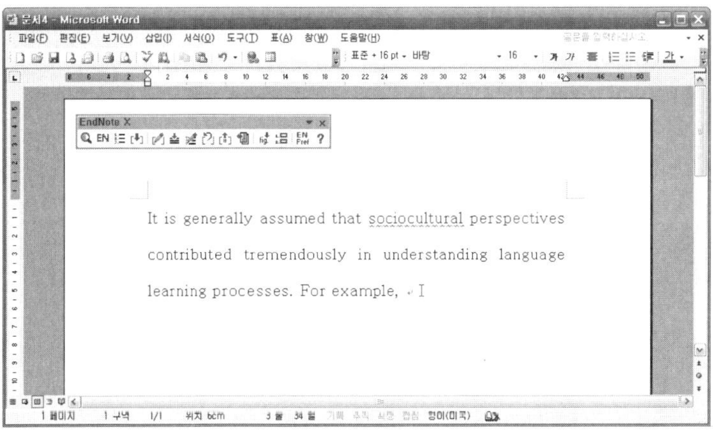

연구자는 사회문화적 변인이 언어 학습에 미치는 영향이 큰 것을 강조하면서 관련 논문을 그 예로 들어 보려고 한다. 마이크로 소프

트 워드 문서 위에 EndNote와 연결되는 도구 창이 있다.
EndNote 도구 창에서 Go to EndNote를 클릭 한다.

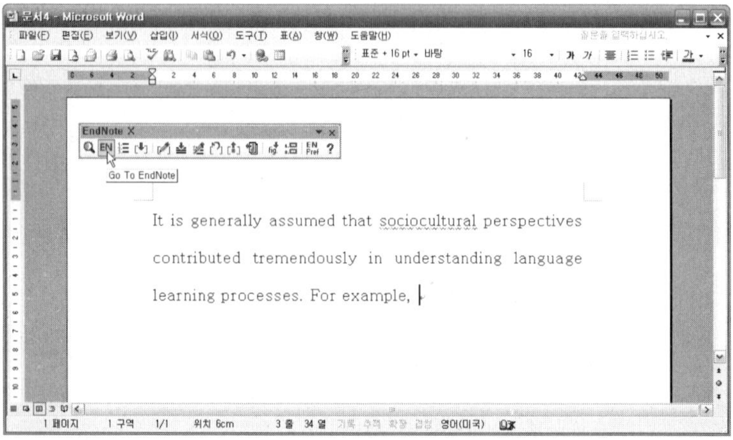

EndNote로 가서 인용하고 싶은 자료를 클릭 한다.

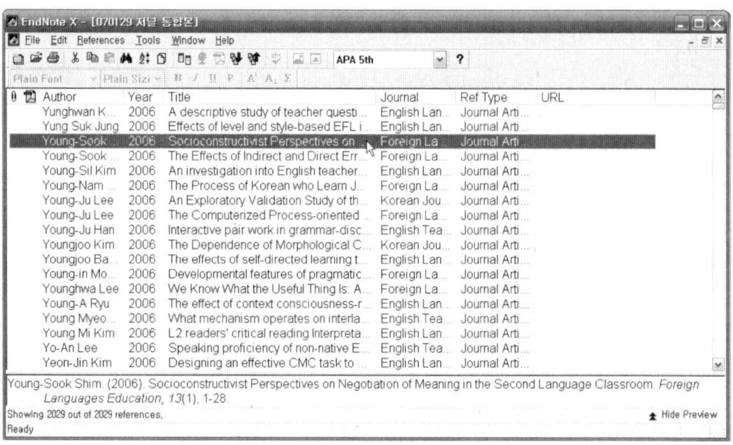

EndNote에서 Tools 〉 Cite While You Write 〉 Insert Selected Citation(s)을 클릭 한다.

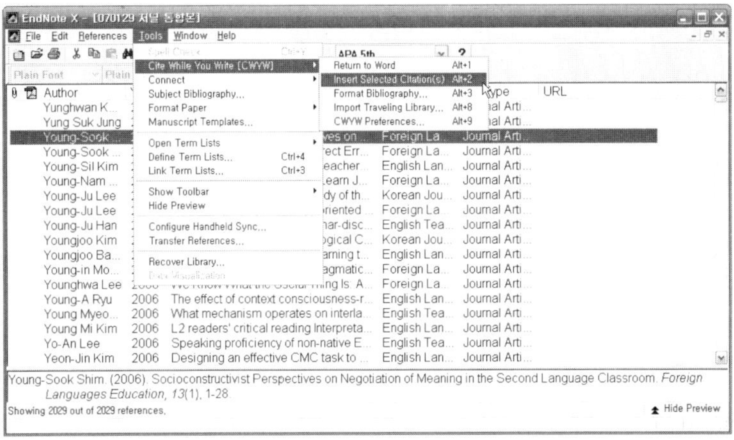

작업 중인 마이크로 소프트 워드 문서로 자동으로 돌아오고 인용하려는 논문이 현재 작업하고 있는 문서의 내용에 삽입이 된 것을 알 수 있다. 또한 아래를 보면, 논문 참고 문헌에서 요구하는 양식에 맞게 자동으로 입력이 되어 있는 것을 알 수가 있다. 계속해서 논문 작업을 진행해 보도록 하자. 사회문화적 변인에 대한 중요성을 강조하는 논문으로 연구자는 한 예를 들면서, 예를 든 논문에 대한 설명을 할 수 있을 것이다. 그리고 계속해서 논점을 전개해 나가면서 관련 논문을 인용하고 연구자의 관심을 제시해 나갈 것이다.

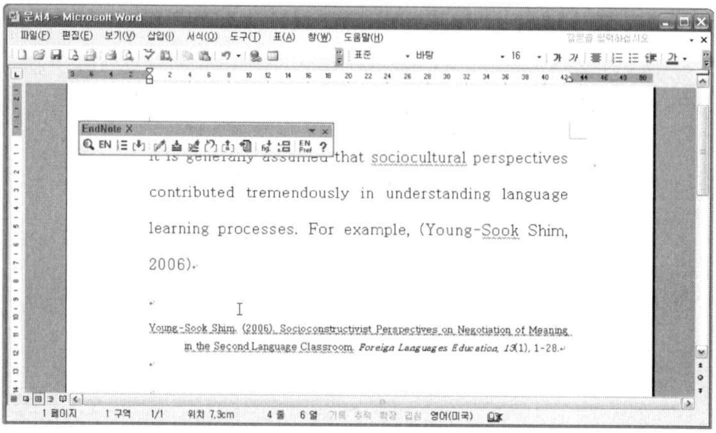

연구의 또 다른 영역이라고 할 수 있는 인지영역에 대한 언급을 하려고 한다면,

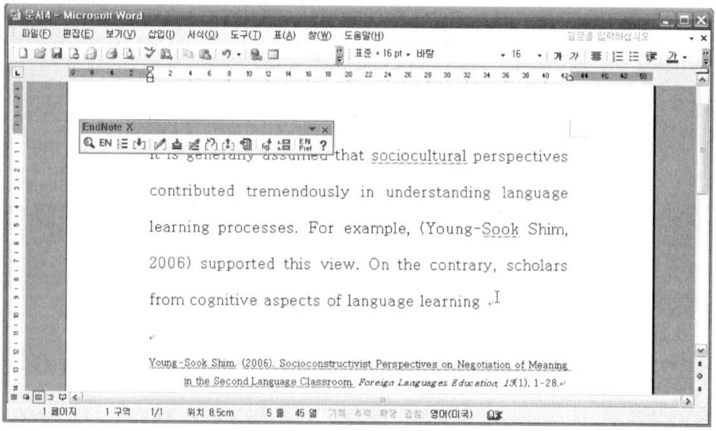

마이크로소프트 워드 문서내의 EndNote 도구 창에서 Go to EndNote를 다시 클릭 한다.

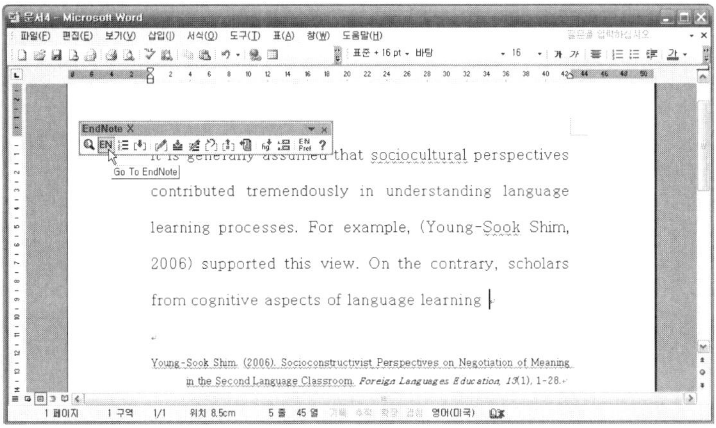

EndNote 전체 자료에서 인지 영역의 연구에 관한 검색을 해 본다.

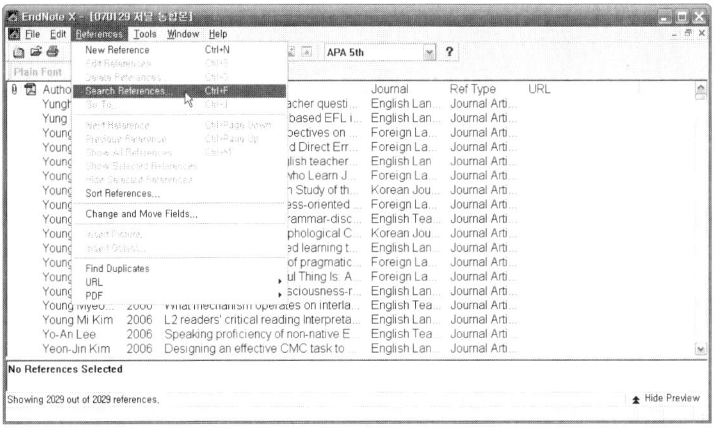

EndNote 검색 창에서 다양하고 정교한 검색을 할 수 있겠으나 이해를 쉽게 하기 위해서 예로 cognitive 라고 입력해 보자. 그리고 검색을 클릭 한다.

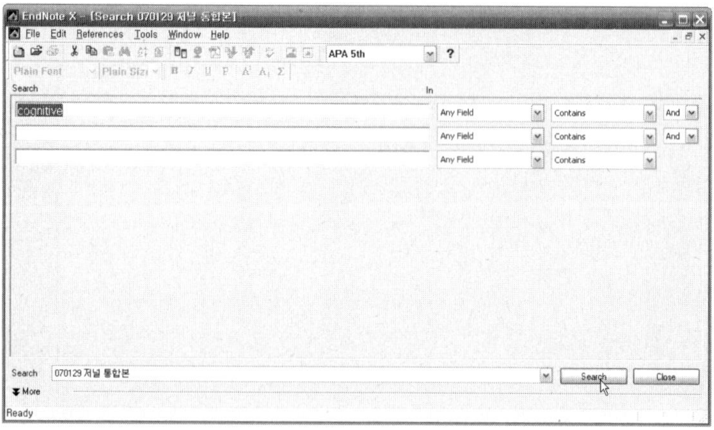

인지에 관한 논문은 현재 총 2029편중에서 80편임을 알 수 있으며, 연구 주제와 초록을 자세히 읽어 봄으로서 연구자의 관점을 지지하거나 반박하는 논문을 쉽게 찾아 볼 수 있을 것이다. 예를 들어, 아래의 그림에서 클릭을 한 논문을 인용하고 싶다면,

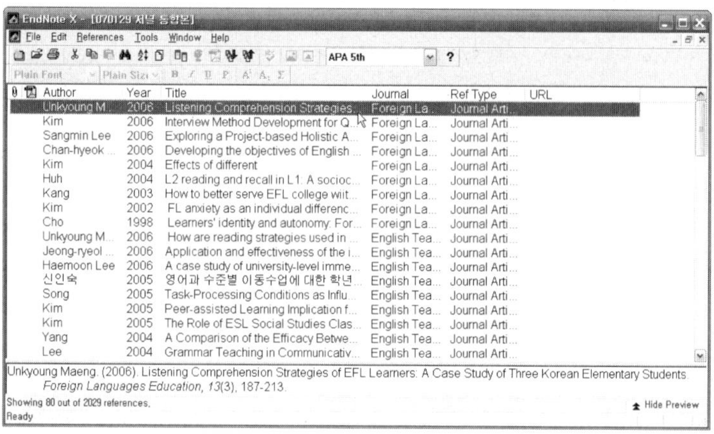

EndNote에서 Tools 〉 Cite While You Write 〉 Insert Selected Citation(s)을 클릭 한다.

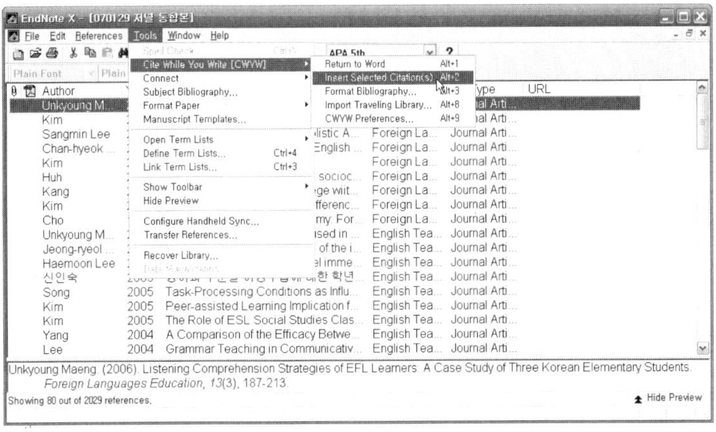

마이크로 소프트 문서에 인용하려는 논문이 들어와 있는 것을 알 수 있다.

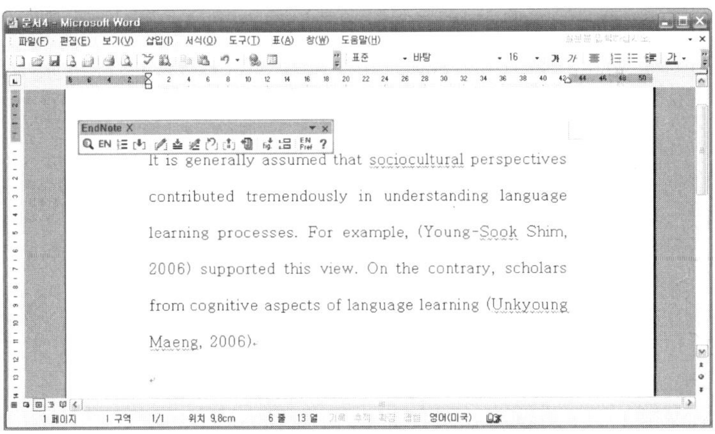

또한 문서의 아래쪽을 보면, 참고 문헌 양식에 맞게 두 번째로 인용한 논문이 나와 있는데, 알파벳 순서대로 정렬이 되어있는 것을 알 수 있다.

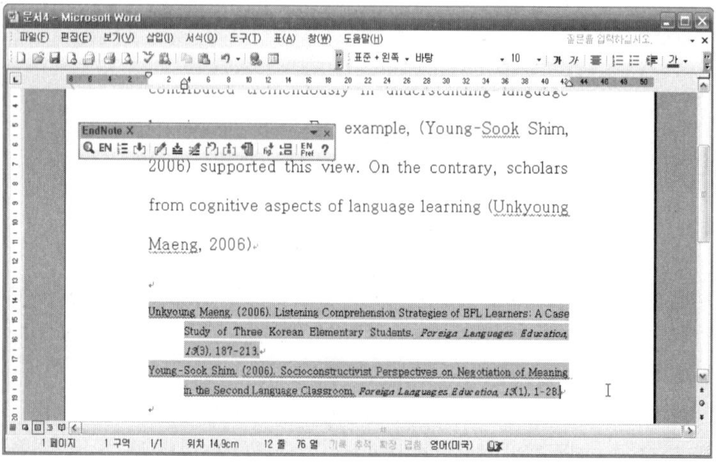

수작업을 한다면 알파벳 순서대로 정열을 하면서 작업을 해야 하겠으나, EndNote로 작업을 하면, 클릭 한번으로 해결 할 수 있다는 것이 매우 큰 장점으로 작용을 하고 있다. 연구자는 인용하려는 논문을 한편 또는 여러 편을 동시에 인용 할 수도 있다. 인지와 관련된 다른 논문들을 인용해 보자.

마이크로 소프트 문서내의 EndNote 도구 창에서 Go to EndNote를 다시 클릭 한다.

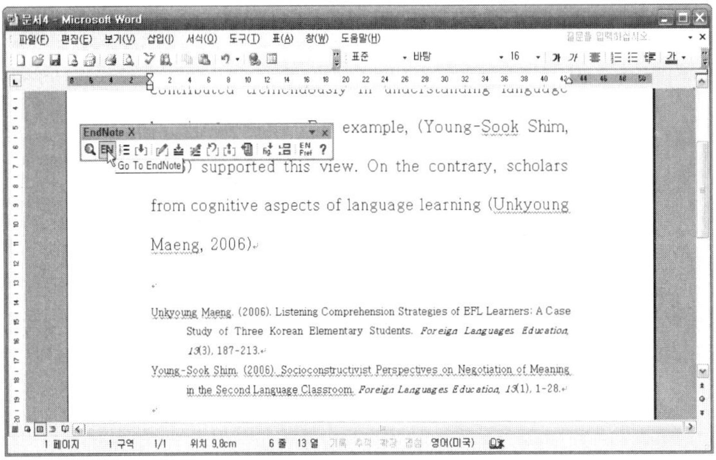

EndNote에서 해당하는 논문을 Shift와 아래로 키를 눌러 선택 한다.

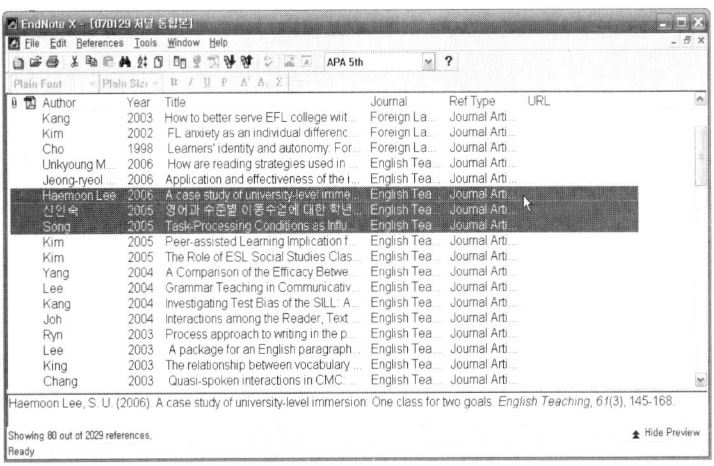

EndNote에서 Tools 〉 Cite While You Write 〉 Insert Selected Citation(s)을 클릭 한다.

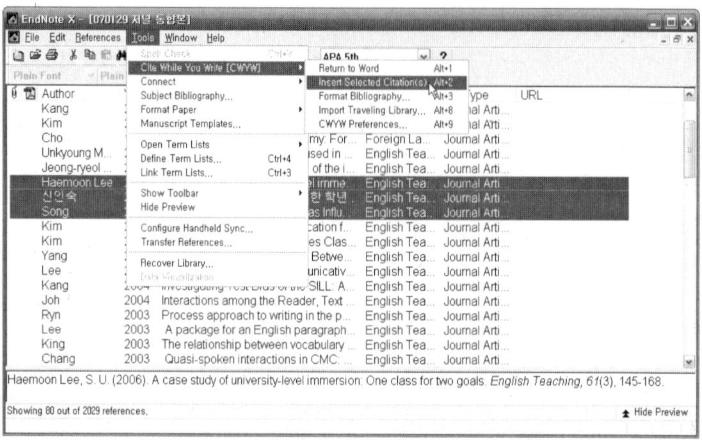

마이크로 소프트워드 문서를 보면 여러 학자들의 논문이 자동으로 동시에 인용이 되어 있는 것을 알 수가 있다.

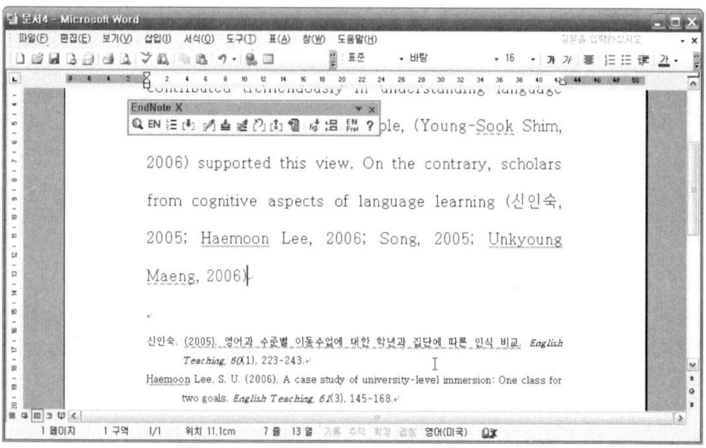

마이크로 소프트워드 문서에서 아래쪽으로 스크롤을 해 보면,

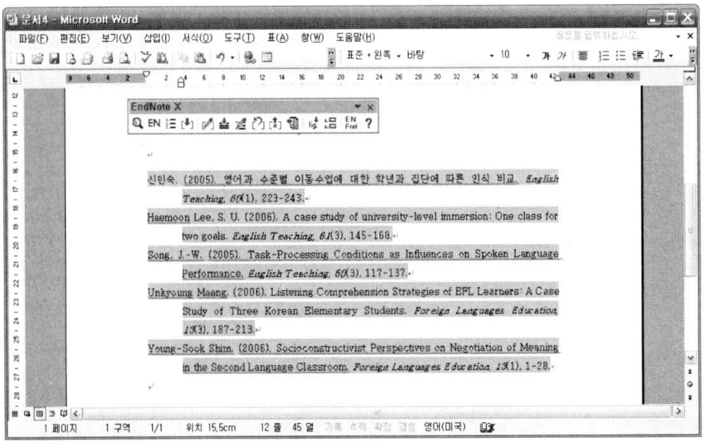

지금까지 인용한 학자들의 논문이 알파벳 또는 한글 순으로 자동으로 정렬이 된 것을 알 수가 있다.

2.5. EndNote로 미국 국회 도서관 그리고 EndNote 서지양식을 지원하는 도서관 들어가서 검색하기

> 지금부터는 EndNote를 지원하는 미국 국회도서관과 기타 도서관으로 가서 필요한 자료를 사용자의 컴퓨터로 옮겨오는 방법을 공부해 보도록 하자.

바탕화면에서 EndNote를 클릭 한다.

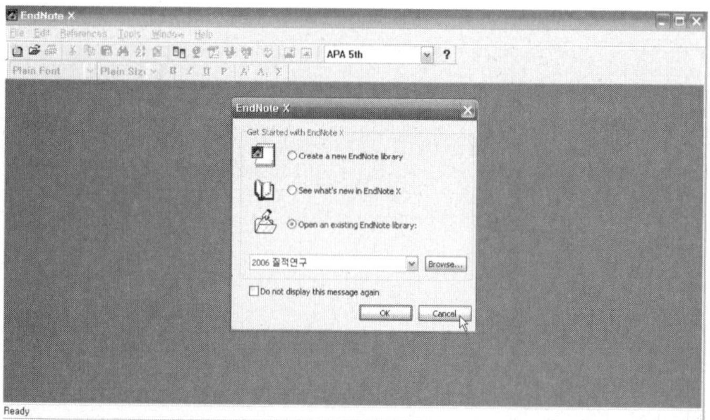

그림을 보면 현재 도구 창은 활성화 되어 있지 않고 EndNote 시작 창만 나와 있는데 Cancel을 클릭 한다. Tools 〉 Connect 〉 Library of congress를 클릭 한다. 미국의 국회 도서관을 말하는데, 이곳뿐만 아니라 EndNote 서지로 작성된 세계의 어떤 도서관이라도 갈 수가 있다. 한국은 서지 양식이 도서관마다 통일이 되어 있지 않다 보니 EndNote로 불러오려면 수작업을 할 수 밖에 없으나, 미국의 경우 이

미 대부분의 대학 도서관이나 정부 기관이 EndNote 서지 양식으로 작업을 해 놓았기 때문에 EndNote 사용자라면 누구라도 쉽게 들어가서 필요한 자료를 클릭 한번으로 받아 올 수가 있다.

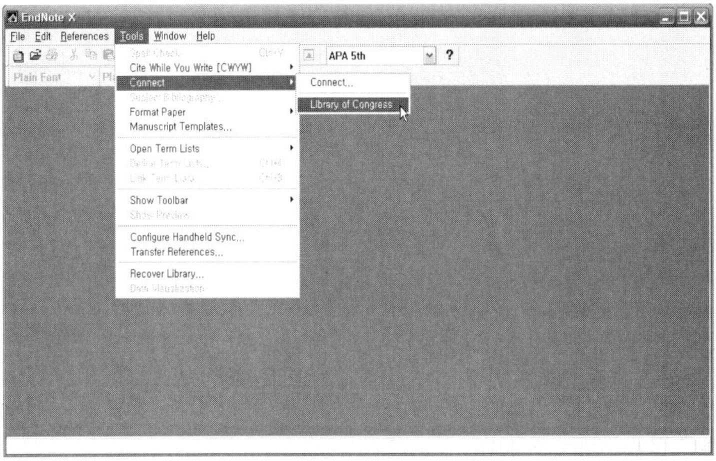

Remote Search Library Catalog at Library of Congress에서 qualitative 〉 2007을 입력하고 검색을 클릭 한다.

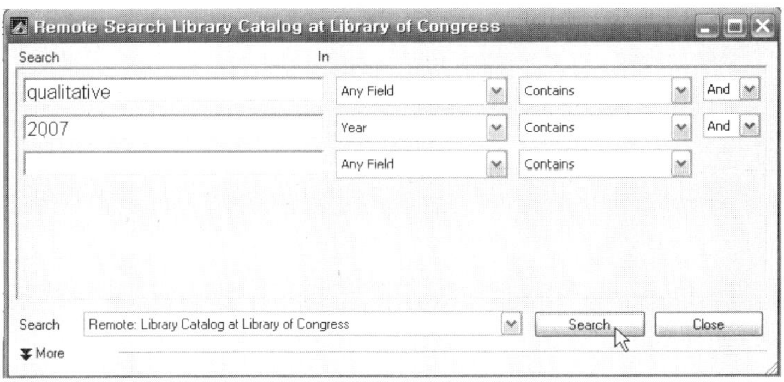

Confirm Remote Search를 보면 미국의 국회 도서관에 현재 소장하고 있는 2007년에 발간된 질적 연구 관련 책은 총 32권임을 알 수 있다. OK를 클릭 한다.

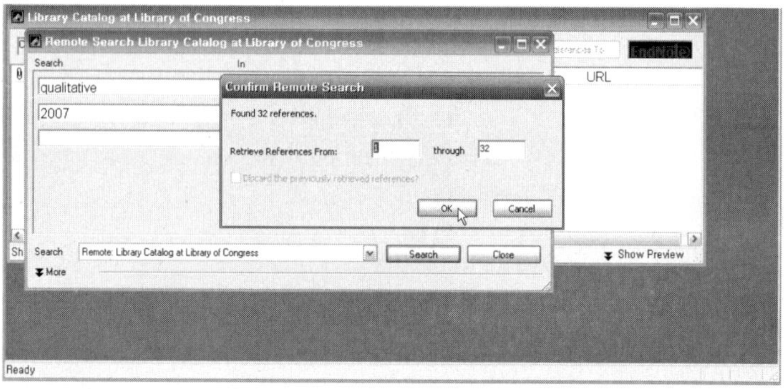

총 32권의 내용을 각 문헌별로 클릭을 하면 볼 수가 있다.

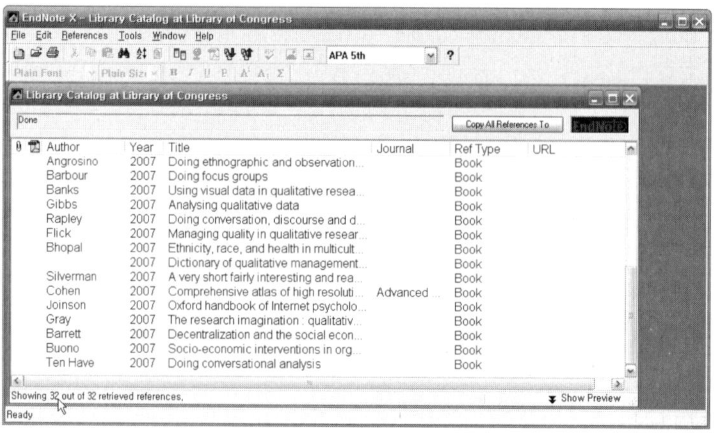

미국 국회 도서관을 통해 검색한 결과물을 새로운 EndNote 도서관을 만들어 저장 할 수도 있고, RTF 파일로 저장해서 Export를 해서 다른 사람에게 보내 줄 수도 있으며, 출판사에 연락해서 책을 요청할 때 자료로 쓸 수도 있다. 독자들도 주지하고 있듯이 현재 국내에서 외서를 구입하는 가장 큰 시장으로 아마존을 생각해 볼 수 있는데, 새로운 책이 나오면 미국 국회도서관을 반드시 거쳐야 하기 때문에 아마존 보다 훨씬 빨리 전공 관련 서적의 발간 상황을 알 수가 있으며, 아마존에 책이 오기 전에 예약 신청을 해 두면, 책이 발간되자마자 우송을 해 주기 때문에 신속한 연구 활동에 매우 도움이 될 것이다.

과거에는 한국에 책이 많지 않아 최신 정보를 얻기가 쉽지가 않다고들 하였는데, 인터넷과 EndNote와 같은 프로그램 덕택에 본인이 원한다면 얼마든지 신속하게 새로운 정보를 얻고 취득하기가 쉬워졌다는 점을 강조하고 싶다. 물론 책을 취득하는 과정에서 지불해야 할 배송료 등이 부담이 될 수는 있으나 이 비용은 비행기를 타고 미국이나 영국에 직접 가서 책을 구해올 때 소요되는 비용에 비교가 되지 않을 것이다.

논문을 작성하는 대학원생들이나 연구자에게 있어 전공 분야에 대한 가장 업데이트된 정보를 늘 얻을 수 있다는 것은 연구자에게 있어서는 가장 큰 장점이 될 수 있을 것이다. 이것이 우리가 EndNote를 사용해야만 할 여러 가지 이유 중에 가장 큰 이유가 될 것이다.

2.6. EndNote 서지양식을 지원하는 도서관에 들어가서 자료 받아오기

2.6.1. 배경 설명

EndNote가 가진 기능 중에서 가장 매력적인 것이 EndNote 서지양식을 지원하는 도서관으로 가서 자료를 원하는 만큼 받아 올 수 있다는 사실일 것이다. 국내 영어교육 관련 논문 자료의 경우 서지양식이 통일이 되어 있지 않다 보니 전부 수작업을 할 수 밖에 없지만, 외국 논문의 경우 모두가 EndNote로 불러 올수가 있는데, EndNote의 이 기능 때문에 우리가 반드시 EndNote를 사용해야 한다고 말할 수 있을 것이다.

본서에서 여러분들에게 제공하는 국내 대표 저널은 저자가 모두 수작업으로 EndNote 데이터베이스를 구축한 것인데 그 목록은 다음과 같다.

1. 팬코리아 영어교육학회
2. 한국외국어교육학회
3. 한국영어교육학회
4. 한국영어어문교육학회
5. 한국응용언어학회
6. 한국영어교과교육학회

7. 한국영어교육연구학회
8. 한국초등영어교육학회
9. 영상영어교육학회

위에서 열거한 학회의 논문의 경우 창간호부터 2006년 까지 발표된 논문들을 모은 목록이다. 2007년 이후의 자료는 http://cafe.daum.net/etwas777 에서 매년 12월 31일에 업데이트한 자료를 공지할 터이니 자료를 받아가기 바란다.

외국저널의 경우는 국내 저널에 비해 논문 자료 수집의 어려움은 상대적으로 적었다. 대부분의 도서관에서 제공하는 외국 논문의 경우 EndNote로 export가 가능하고 서지 양식이 통일이 되어있기 때문이다. 현재 저자가 진행하고 있는 외국저널의 목록은 다음과 같다.

1. Computer Assisted Language Learning
2. Educational Researcher
3. English for Specific Purposes
4. Foreign Language Annals
5. English Language Teaching
6. Journal of Contemporary Ethnography
7. Journal of Second Language Writing
8. Language Learning
9. Language Teaching Research
10. Qualitative Research Writing

11. Qualitative Sociology
12. Qualitative Writing Journal
13. Second Language Research
14. Studies in Second Language Acquisition
15. System
16. TESOL Quarterly
17. The Internet and Higher Education
18. Gender and Education
19. Language
20. Language Acquisition
21. Language Arts
22. Narrative Inquiry
23. Qualitative Health Research
24. Qualitative Inquiry
25. Qualitative Research
26. Qualitative Research Reports in Communication
27. Qualitative Sociology
28. Qualitative Assesment in Education
29. Qualitative in Higher Education
30. Teacher Magazine
31. Computers and Composition
32. Educational Research Review
33. Learning and Instruction
34. Individual Differences

35. Learning and Motivation
36. Research in the Sociology of Education
37. Research Strategies
38. Studies in Educational Ethnography
39. Studies in Qualitative Methodology
40. Studies in Symbolic Interaction
41. Teaching and Teacher Education
42. Action Research
43. Action Learning in Higher Education
44. Journal of Teacher Education
45. Theory and Research in Education

그리고, 본서의 CD에 제공되어 있는 외국저널의 목록은 다음과 같다.

1. Computer Assisted Language Learning
2. Educational Researcher
3. English for Specific Purposes
4. Foreign Language Annals
5. Journal of Second Language Writing
6. Language Learning
7. System

위의 외국저널 또한 2006년 까지 정리가 된 데이터베이스로 그

후의 자료들에 대해서는 저자가 운영하는 카페에서 지속적으로 업데이트한 버전을 공지할 계획이니 참고하기 바란다.

2.6.2. EndNote 지원 도서관에 들어가서 자료 받아오기

저자는 2007년 2월 현재 부경대학교에 근무하고 있기 때문에 부경대학교 도서관에서 자료를 받을 수 있다. 그러나 독자들의 경우 각자 소속한 대학에서 자료를 받을 수 있을 터인데, 대학에서 구독하는 전자저널의 경우 대학마다 다를 수가 있다. 대학마다 구독하는 저널이 다양하다 보니 본서에서는 저자의 대학 도서관을 기준으로 설명을 하겠지만, 대학에서 구독하는 저널의 다양성과는 관계없이 EndNote를 지원하는 데이터베이스에서 자료를 불러오는 방법은 같으니, 본서에서 시연하는 방법을 따라하면, 독자들 스스로 원하는 데이터베이스 구축을 할 수 있을 것이다.

2.6.2.1. EndNote를 지원하는 도서관에서 자료를 받아 오려면 먼저 EndNote에 파일이름이 있어야 한다. 먼저 저자의 EndNote 폴더를 살펴보자. EndNote를 설치하면 자동으로 EndNote 폴더가 생성이 된다.

2.6.2.2. 각자의 컴퓨터 바탕화면에서 EndNote를 두 번 클릭한다.

EndNote 시작 창에서 Browse를 클릭 한다.

EndNote 폴더안의 자료들이 나오는데, 여기에는 각 자료들의 폴더와 구동 파일이 있다. 구동 파일을 찾으려면, 마우스로 오른쪽 방

향으로 끌기를 한다.

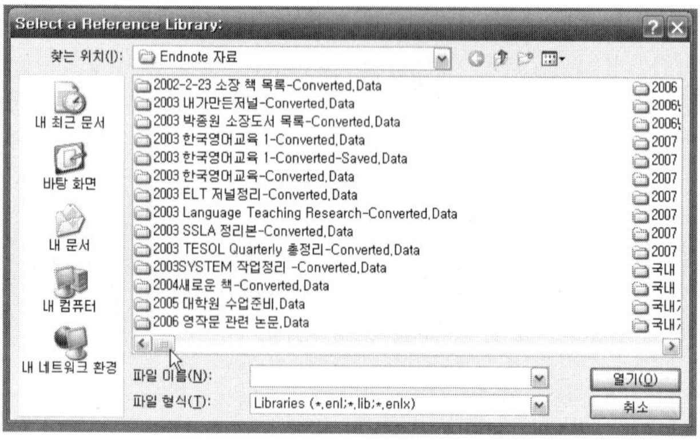

구동 파일 중에서 System 저널에 대한 자료가 1995년부터 2002년까지 정리가 되어 있는 것을 알 수가 있다. 대학 도서관에서 자료를 받아올 때 구동 파일에 받아오려는 자료와 이름이 같은 파일이 있어야만 자동으로 불러 올 수가 있다. EndNote 창을 닫고 나온다.

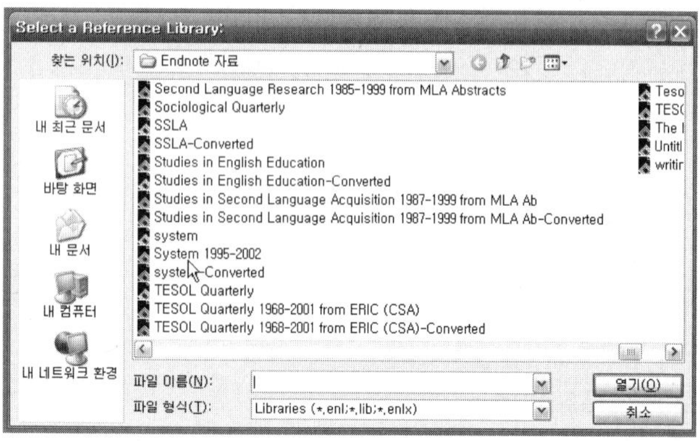

자료를 얻기 위해 해당하는 대학의 도서관으로 들어간다. 여기서는 부경대학교 홈페이지를 들어가 보기로 하자.

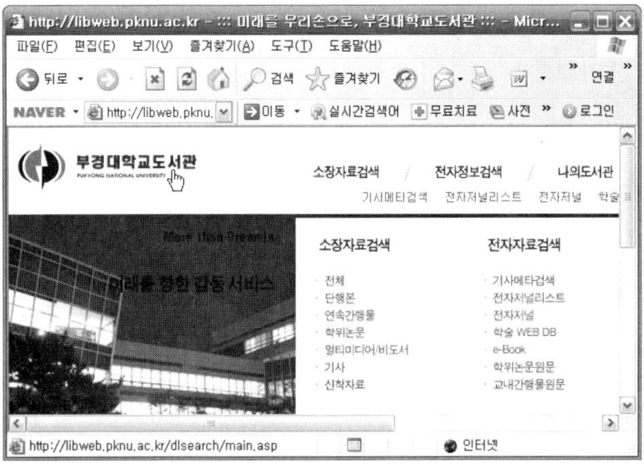

소장 자료 검색에서 전체를 클릭 한다.

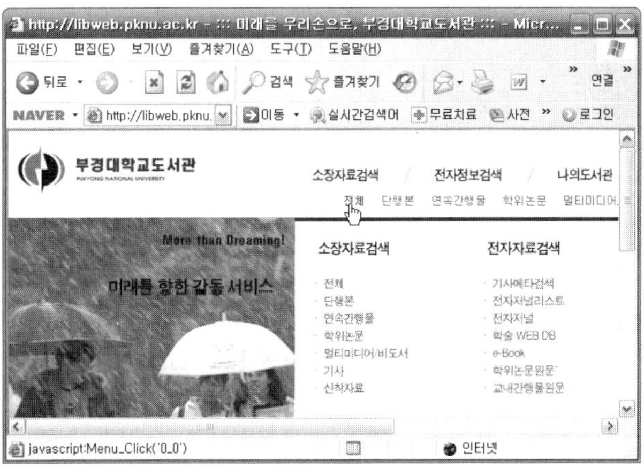

전체에서 System을 입력하고 자료유형에서 연속 간행물을 클릭한 다음에 검색을 클릭 한다.

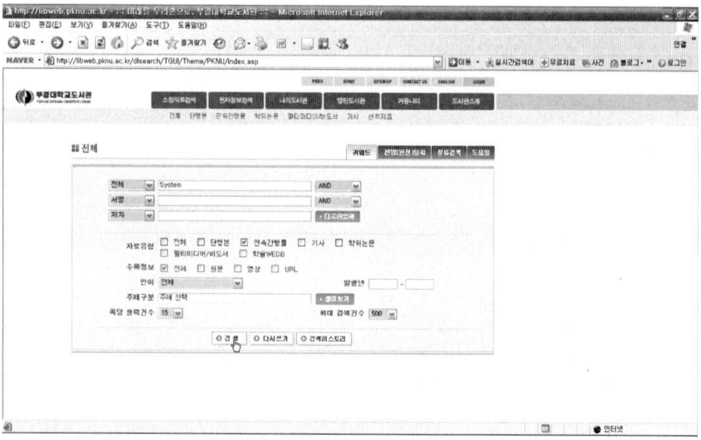

검색결과의 번호 20에서 System을 클릭 한다.

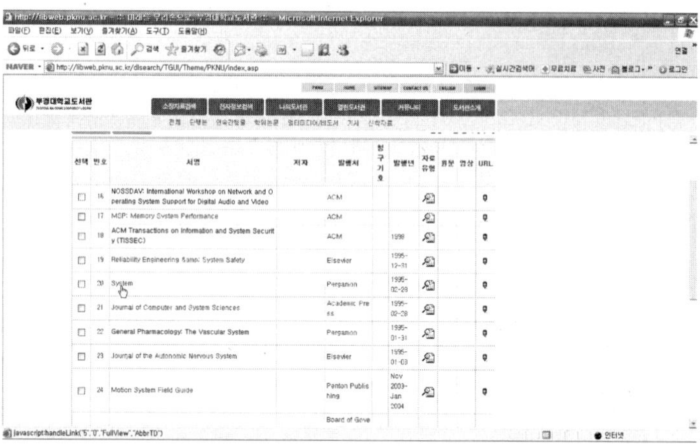

URL을 클릭 한다.

해당하는 Article 앞에 있는 네모상자에 클릭을 한다. 연습으로 현재 창에 나온 자료만 모두 클릭을 해 보자.

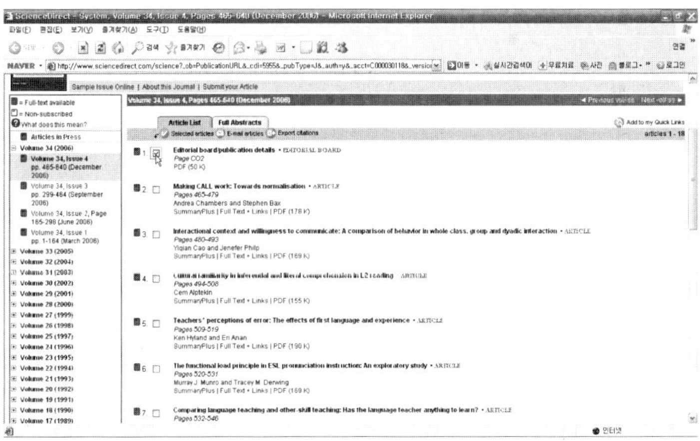

해당하는 자료 앞에 있는 네모 상자가 모두 클릭이 되어있다.

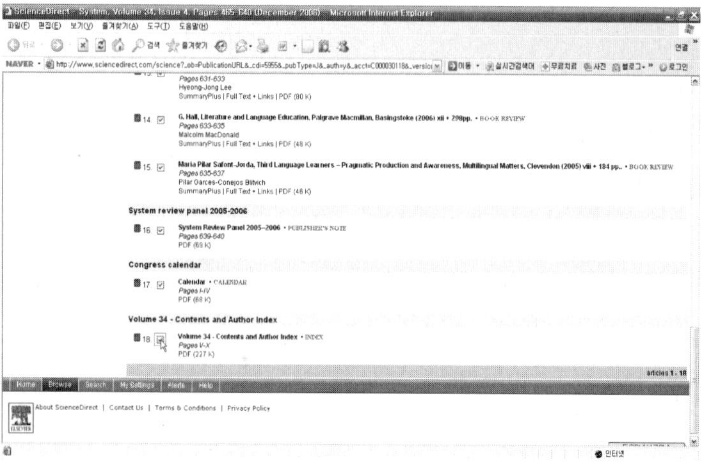

다시 창의 가장 윗부분으로 올라간다. Export citations를 클릭 한다.

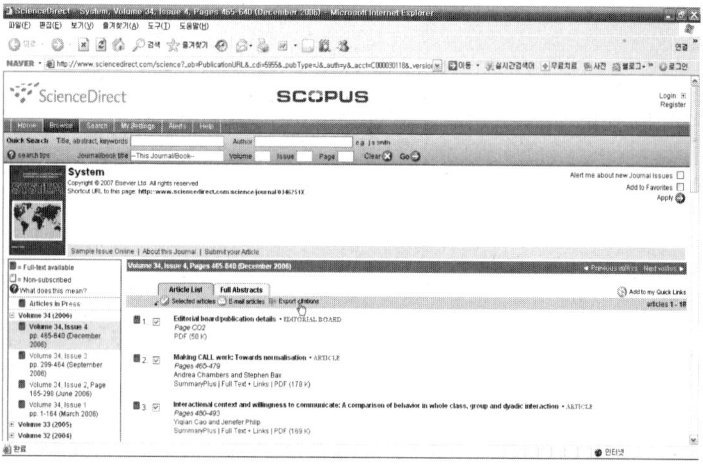

Export format에서 RIS format에서 EndNote가 default로 지정이 되어 있는 것을 알 수 있다. Export을 클릭 한다.

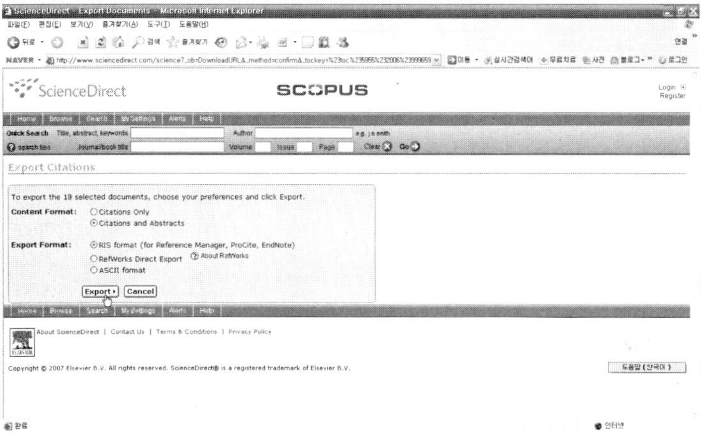

EndNote를 자동으로 구동시키고 시작 창에서 어떤 데이터베이스에 자료를 옮겨야 할지를 물어 본다.

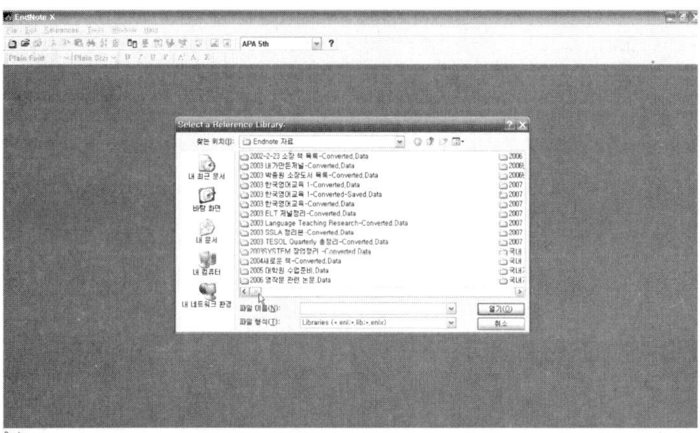

마우스를 오른쪽으로 끌고 가서 전에 확인한 System 구동 파일을 찾는다. System을 클릭하면 자동으로 파일 이름이 입력이 되며, 열기를 클릭 한다.

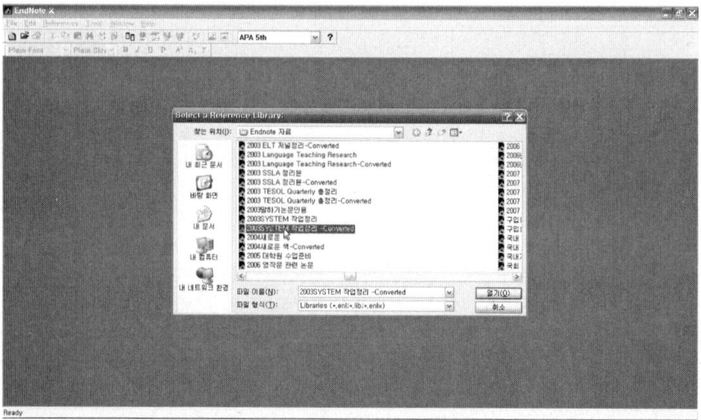

부경대학교 데이터베이스에서 클릭을 했던 자료들이 모두 End Note로 들어 온 것을 알 수 있다.

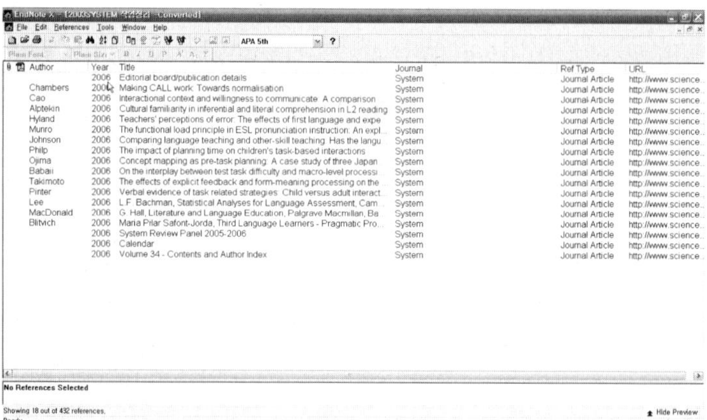

현재 창에는 부경대학교 도서관에서 작업을 한 것만 보여주고 있으며, System으로 저장된 자료가 총 432편이 있다는 것을 창의 가장 아래쪽을 보면 알 수 있다. 마우스의 오른쪽을 클릭 하고 Show All References를 클릭 한다.

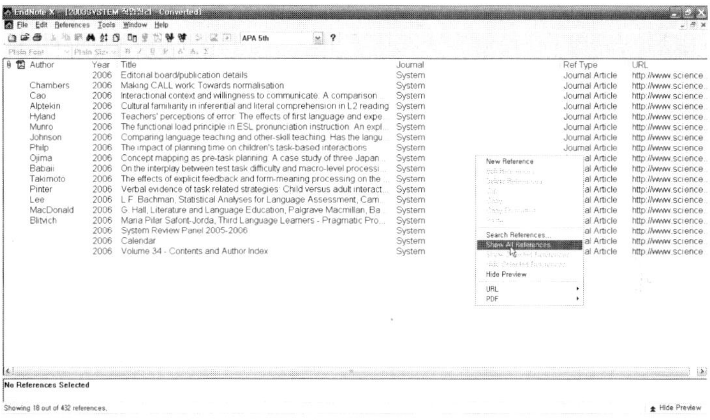

System 저널과 관련된 전체 자료 목록을 보여준다.

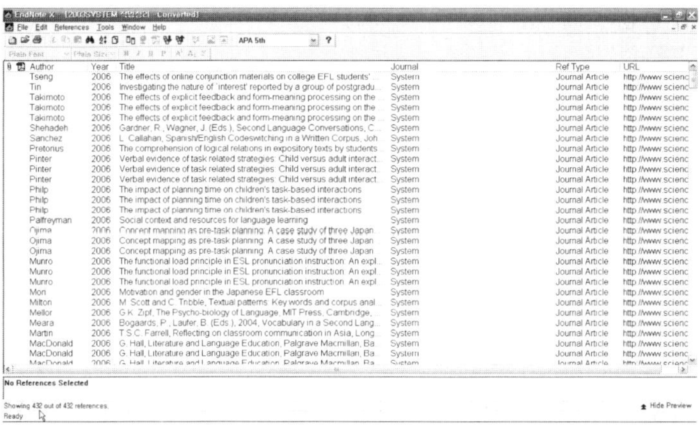

그런데, 우리가 작업을 하다 보면 사람이 하는 일이다 보니 전에 같은 작업을 한 것을 잊어버리고, 같은 자료를 다시 불러오는 경우도 있다. 이런 경우에 중복되는 자료가 있게 되면, 정확하게 자료의 현황을 파악하기 어렵기 때문에, 중복되는 자료는 삭제를 해야 한다. 중복된 자료를 삭제하려면, EndNote의 References에서 Find Duplicates를 클릭 한다.

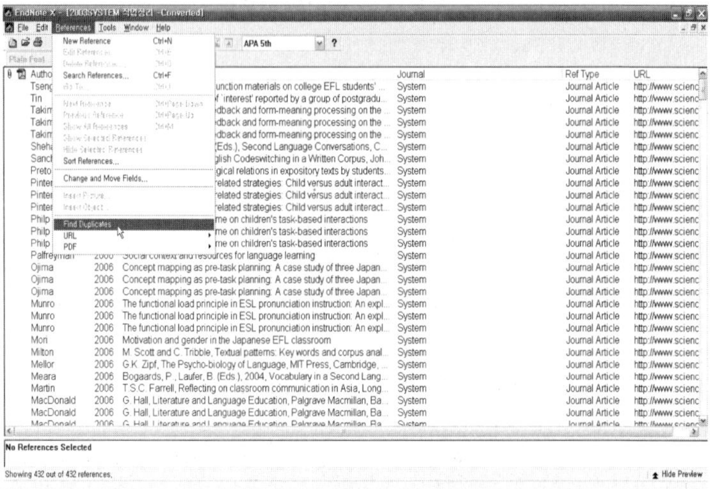

창의 가장 아래의 왼쪽을 보면, 62편의 논문이 중복되는 것을 알려주고 있다.

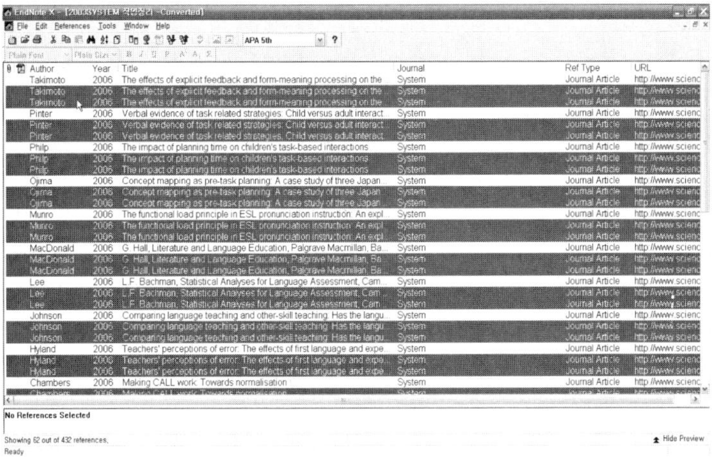

Edit에서 Cut을 한다.

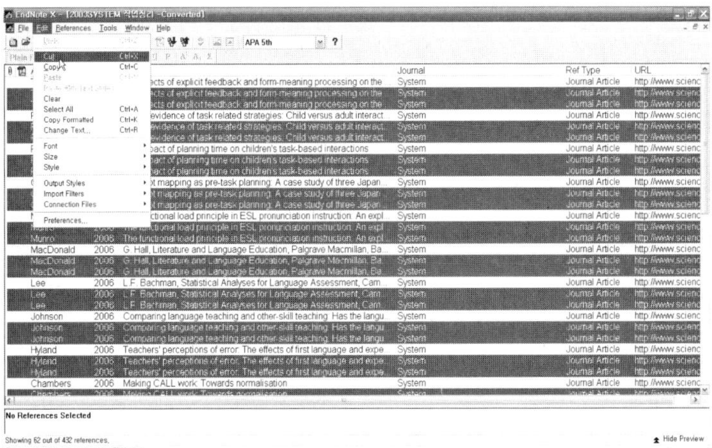

44편의 중복된 논문을 삭제를 할 것인지를 물어 본다. 확인을 클릭 한다.

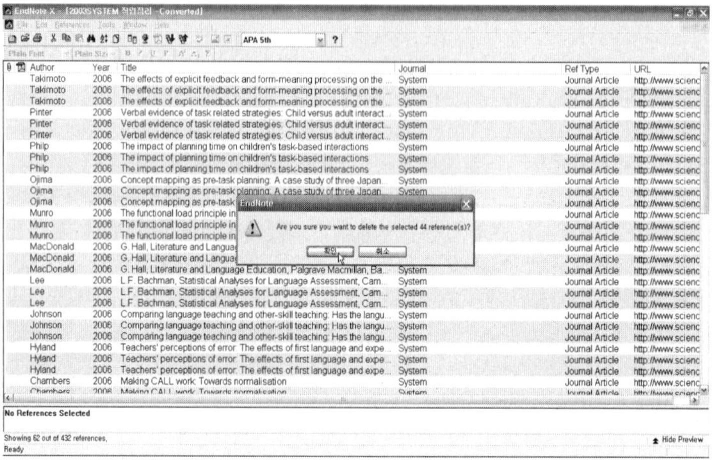

전체 논문이 432편에서 388편으로 정리가 되었고, 중복된 논문 중에서 정리가 된 논문이 18편인 것을 알 수가 있다.

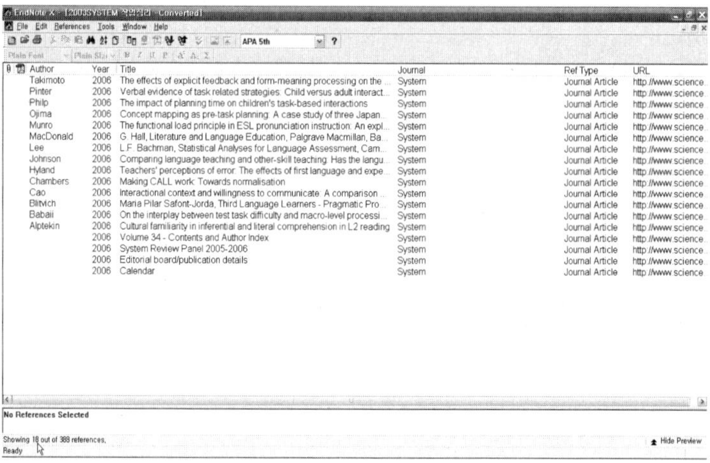

다시 오른쪽 마우스를 클릭하고 Show All References를 클릭 한다.

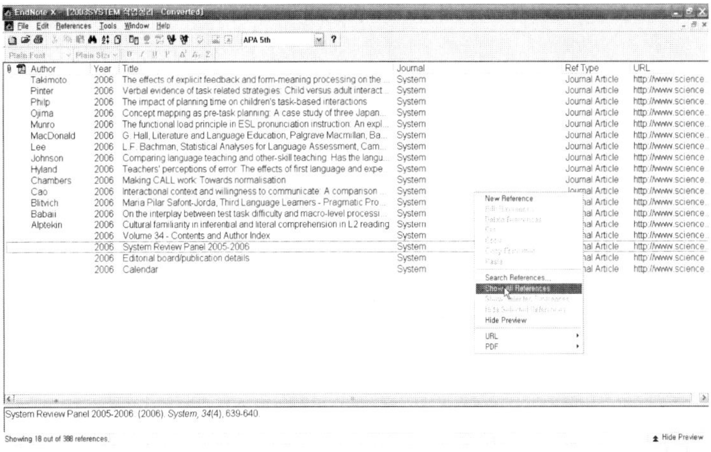

최종 정리가 된 388편의 논문에 대한 전체 목록을 볼 수가 있다.

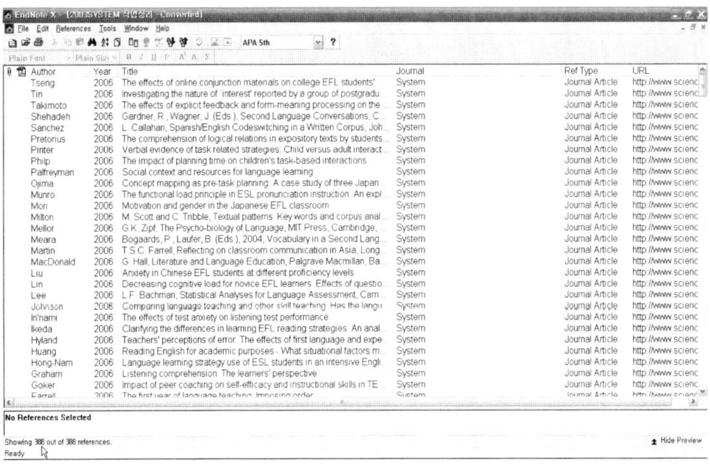

이상으로 EndNote를 사용해서 문헌조사를 하고 논문작성에 활용을 하는 방법을 공부해 보았다. 3장에서는 Nvivo를 활용해서 효과적인 논문자료의 관리와 글쓰기에 대해서 공부해 보도록 하자.

Ⅲ

Nvivo로 문헌을 관리하고 글쓰기

모든 연구는 선행 연구를 참고하여 현재 진행하고 있는 연구의 결과물을 비교해 봄으로서 연구 결과의 타당성이나 신뢰도를 인정받을 수 있다. 따라서 문헌 조사 (Literature Review)는 연구자가 선택한 연구 방법론과는 무관하게 모든 연구자들이 연구에서 반드시 통과해야 할 관문이다. 지금처럼 디지털로 문서를 관리하는 것이 보편적인 일이 되기 전까지 자료의 의미는 한 연구가 끝나면 사라지는 일회성의 성격을 지녔다고 해도 과언이 아니다. 설사 잘 관리한다고 해도 그것을 가시적으로 소유하고 있다는 의미 이외에 필요할 때면 언제라도 불러들일 수 있는 정도의 접근 용이한 의미의 관리는 아니었다.

Nvivo를 사용할 경우 자료의 영구 보존과 시간과 공간의 제약이 없이 검색을 하고 자료를 복구해서 사용할 수 있다는 장점이 있다. Nvivo를 문헌관리에 활용하면 하나의 프로젝트가 일회성으로 끝나는 것이 아니라 그 프로젝트에서 사용한 자료를 일목요연하게 보고하기가 쉽다는 것은 너무도 당연하고, 향후 이어지는 연구에서 사용 할 수도 있고, 장기적인 시각에서는 여러 가지 사례를 모아 하나의 이론을 구축하는데 기여하는 바가 매우 크다고 하겠다. 최근 들어와 Nvivo를 응용한 문헌 조사의 사례 연구가 관련 학회에서 화두로 등장하고 있는 것도 이와 같은 이유이며 본 장에서는 Gregorio (2000)가[1] 제안하는 방법을 중심으로 구체적으로 Nvivo를 문헌 조사에 활용하는 방안에 대해서 토의해 보도록 하겠다.

---

1) Gregorio, S. (2000). *Using Nvivo for your literature review.* Paper presented at Strategies in qualitative research: Issues and results from analysis using QSR Nvivo and NUD*IST, conference at the Institute of Education, London, 29-30, September 2000.

3.1. 들어가기

학문 분야나 주제와 상관없이 문헌 조사는 모든 연구 논문에서 공통적으로 수행되는 과정으로 모든 연구의 근간이 되고 있다고 해도 결코 과언이 아닐 것이다. 그러나 문헌 조사가 질적 분석의 한 형태라는 사실은 흔히 간과되고 있는 것이 사실이다. 그런데 문헌 조사를 통하여 논리를 전개해 나가는 과정이 질적 자료를 분석하는 과정과 매우 유사하다는 사실을 주목할 필요가 있다. 예를 들면, 읽고 숙고하기, 문헌/ 자료와 이에 대한 본인의 생각과의 상호 관계, 주제 찾기와 코딩하기, 글쓰기를 할 때에 가장 중요한 말을 선택해서 인용하기, 다른 논문/ 전사내용에 유사한 아이디어를 연결하기, 주장을 반박하는 내용 찾기, 논문 / 전사내용 간에 차이점 찾기, 자료/ 문헌에서 자신의 논점/ 분석을 지지하는 구체적인 증거와 연결하기이다.

연구자들은 문헌 조사에서 파생하는 자료의 양을 관리하기 위한 다양한 전략을 개발해 왔다. 과거에는 카드 색인 방식을 주로 사용하였지만, 최근 문헌 관리를 위한 논문 인용 소프트웨어가 개발, 사용되어 왔다. EndNote, Reference Manager, ProCite와 같은 프로그램은 인용 문헌을 관리하는데 있어 매우 훌륭한 도구로 자리 잡고 있다. 논문 초록을 다운로드 받고 논문 인용 데이터베이스에 논문의 부분이나 전체를 저장할 수가 있다. 인용 자료를 검색하고 분류하는데 있어 매우 신축성 있는 방법을 제공하고 있다. 이와 같은 프로그램들은 텍스트의 특정한 부분에 적절한 인용문을 매우 쉽게 삽입할 수 있도록 도와준다. 또한 여러 가지 저널에서 제시하는 인용 양식에 맞추어 인용 양식을 언제라도 수정 할 수 있다. 또한 위에서 언급한 것과 같은 질적 자료 분석과 유사한 작업을 가능하게 해 준다. 특정한 논문에 대한 논평이나 숙고, 키워드 중심으로 코딩을 가능하게 해준다. 그러나 이와 같은 프로그램은 자료 분석용으로 나온 것이 아니기 때문에 사용하는데 있어 제한이 된다. 따라서 문헌조사에 필요한 분석 과정을 도와줄 수 있는 정교한 소프트웨어 패키지가 절실하게 필요하다고 하겠다.

문헌 조사의 분석 과정을 지원하는데 있어 Atlas. ti, N4 Classic, N5, Nvivo, WinMax와 같은 소프트웨어 패키지를 사용 할 수 있다. 각 프로그램간의 특징, 장단점에 대해서는 박종원의 질적 자료 분석의 혁명(2005)을 참고하기 바란다.[2] 이와 같은 프로그램은 위에서 말한 프로그램들처럼 논문 인용 도구가 없기 때문에 논문 인용 소프트웨어를 대체해서 사용할 수는 없다. 그러나 문헌 조사 전 과정에서 논문 인용 프로그램과 질적 연구 분석 소프트웨어 프로그램을 적절하게 같이 사용하는 것도 도움이 된다. 위에서 말한 질적 분석 소프트웨어 중에서, Nvivo 만이 문헌을 분석하는데 이상적인 세트 도구 기능이 있다. 물론 Nvivo 외에 다른 질적 분석 소프트웨어로 문헌 조사를 할 수도 있으나 문헌 조사의 목적이라면 Nvivo가 가장 신축성이 있다 (소프트웨어가 급속하게 발달하는 것을 고려해 볼 때, Nvivo를 제외한 다른 프로그램도 문헌 조사를 가능하게 하는

---

2) 박종원(2005). *질적 자료 분석의 혁명.* 형설출판사 : 서울.

프로그램으로 업그레이드 할 가능성은 얼마든지 있다).

그렇다면, 지금부터 문헌 조사 시에 논쟁을 전개해 나가는데 있어 다양한 과정과 전략을 Nvivo 도구가 어떻게 지원할 수 있는지에 대해 토의해 보도록 하자. 질적 분석과 컴퓨터 소프트웨어에 관한 문헌 조사의 도입 부분을 예시로 Nvivo를 이용한 문헌 조사의 예를 살펴보도록 하자.

1장과 2장에서 언급한 ViaVoice와 EndNote의 경우 사용 설명 동영상을 제공하였으며 3장에서 Nvivo로 문헌관리와 글쓰기 사용설명 동영상은 다음카페, http://cafe.daum.net/etwas777에 2007년 8월 1일에 업데이트된 내용을 공지할 터이니 독자들은 관련된 자료를 받아가기 바란다.

3.2. 전략1 : 논문 또는 책에 관한 글 읽기와 숙고하기

3.2.1. 도구 1- 대행 문서

모든 문헌 조사의 첫 번째 단계는 글 읽기이다! 글을 읽으면서 기억하고 싶은 텍스트의 부분을 요약해 나간다. 요약 내용으로는 저자의 중심 아이디어나 논쟁을 설명해 주는 글줄이 될 것이다. 이러한 논쟁들을 기억하기 위해서 그 내용을 요약해 둘 것이다. 당신이 당신의 논문에서 인용하고 싶은 핵심이 되는 글이 있을 것이다. 또한 관련 문헌에서 자주 등장하는 주제를 먼저 찾아보면서 시작할 수도 있을 것이다. 정독해 나가는 관련 문헌에서 핵심이 되는 주제를 발췌하고 다른 논문에서도 유사한 주제가 있는지 그 예를 찾을 것이다. 핵심이 되는 주제를 코딩하는 것으로 마무리를 지을 것이다. 이외에도 텍스트를 읽으면서 텍스트에서 갑자기 통찰력이나 아이디어가 떠오를 수도 있을 것이다. 잊어버리기 전에 이러한 생각들을 텍스트의 해당하는 곳에 기록하기를 원할 수도 있을 것이다. 책이라면 여백에 당신의 생각을 써 놓기도 한다.

Nvivo에서는 대행 문서를 이용해 위의 작업을 수행할 수가 있다. 구체적인 방법에 대해서는 그림 1을 참고하기 바란다. 대행 문서는 문헌 조사에서 발견한 특정한 책이나 논문의 내용을 저장해 두는 공간이다. 워드 프로세서를 멈추지 않고 곧바로 Nvivo에서 대행 문서를 만들 수가 있다. 책이나 논문의 제목을 입력하고, 도움이 될 만한 내용으로 자료에 대한 설명을 추가하고, 다시 찾을 수 있도록 문서의 위치를 밝혀주고, 시작과 끝나는 페이지를 기록해 둔다. Nvivo에서는 왼쪽 여백에 페이지 번호가 자동으로 입력이 된다.

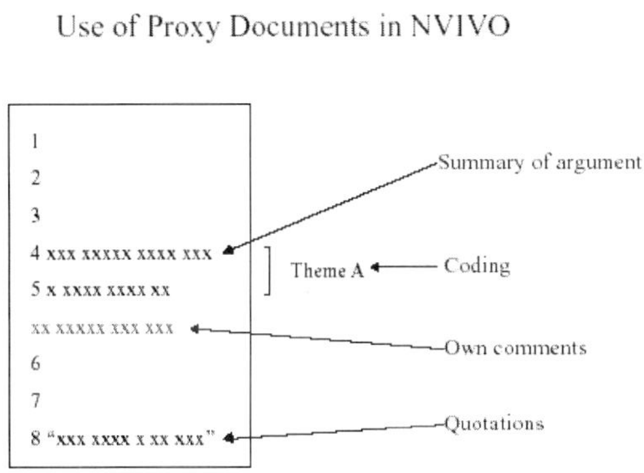

그림 1. 문헌 조사에서 대행 문서 사용하기

이제 대행 문서에 원하는 내용을 타자를 칠 수가 있다. 또는 이 책의 1장에서 공부한 ViaVoice를 이용해 소리를 문자로 바꾸는 작업을 통해 글자를 입력할 수도 있을 것이다. 컴퓨터 노트북을 열고 읽고 싶은 책을 펼친다. 해당하는 페이지에서 저자의 논점을 요약하는 내용을 타자를 친다. 직접 인용하려는 내용을 요약하거나 쟁점과 구분을 짓기 위해 서로 다른 색깔의 글자를 사용해도 된다. 요약한 내용의 제목을 정하고, 특정한 표제 수준을 정하고, 나중에 대행 문서에서 요약이나 인용문의 개관을 열어보고 정독할 수가 있다. 관련 문헌에서 자주 등장하는 핵심 주제의 요약이나 인용 부분을 코딩을 하고 이와 관련된 모든 글을 후에 불러 올 수도 있다. 서로 다른 글자체 (예를 들면 이탤릭체)를 이용해 텍스트에서 떠오른 자신의 통찰력을 기록할 수도 있다. 그림 2는 실제 문헌 조사 프로젝트에서 대행 문서 목록을 보여주는 예를 제시한 것이다.

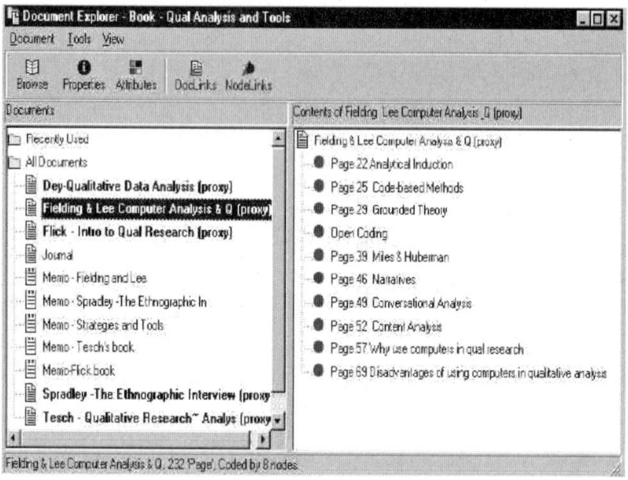

그림 2. Nvivo 프로젝트의 문헌 조사와 관련된 논문 목록

왼쪽 칼럼에는 컴퓨터를 사용한 질적 연구 자료 분석에 관한 문헌조사 서적에 연구자가 표기한 메모 목록들이 나와 있다. 책은 대행 문서의 형식으로 나와 있다. Nvivo는 '(proxy)'로 대행 문서를 자동으로 표시해 준다. 그림 2의 Fielding 과 Lee의 책이 강조되어 있는 것을 보기 바란다. 오른쪽 칼럼은 개관 창으로 Fielding 과 Lee의 책에서 노트나 논평을 보관해 둔 곳을 나타낸다. Nvivo에 논평을 타자를 칠 때 표제 수준 1로 섹션 제목을 정한 것이다. 오른쪽 구석의 섹션을 클릭하면 대행 문서에서 특정한 섹션으로 바로 들어갈 수가 있다. 그림 3을 보면 코딩을 한 Fielding과 Lee의 대행 문서의 섹션을 살펴 볼 수 있다. 해당하는 페이지 옆에 Fielding과 Lee의 논점을 요약한 내용이 있다. 책의 섹션을 서로 구별하기 위하여 청색과 표제 1을 사용하였다.

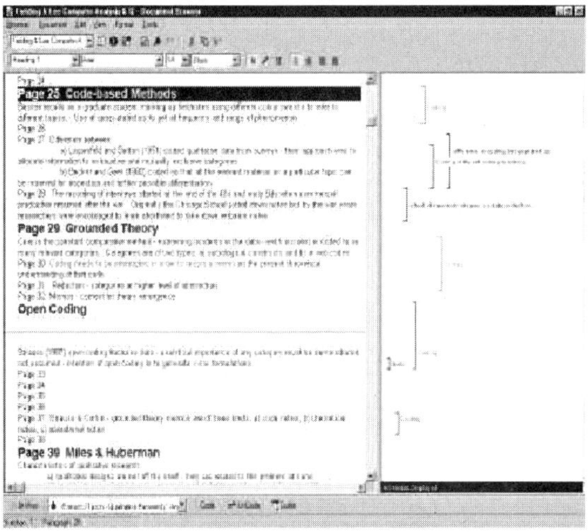

그림 3. 요약과 코딩 내용을 보고하는 대행 문서의 예

문헌 조사에서 중요하다고 파악이 된 부분은 붉은색으로 별도로 표시해 두었다. 문헌 조사의 목적에 부합되지 않는 주제가 있는 페이지에는 요약한 내용이 없는 것을 주목하기 바란다. 오른쪽 여백에는 핵심 주제와 연결되는 코딩이 있다는 것을 보여준다.

이 섹션의 일부를 'coding', 'differences in coding between qual and quant methods', 'on data collection', 'different coding functions', 'effect of new technologies', and 'tools'로 코딩을 해 두었다(그림3을 보면 오른쪽에 코딩된 부분을 말하는 것임).

특정한 주제에 대하여 연구자의 논평을 표시해 두기 위해서 DataBytes를 사용하는 방법을 공부해 보도록 하자. DataBytes는 초록색이며 밑줄을 쳐 놓았다. 그 내용을 보려면 초록색의 단어나 구 중간에 커서를 놓고 클릭을 한 다음에 도구 바에 있는 DB 아이콘을 클릭한다. DataByte가 열리면서 연구자가 입력한 논평을 볼 수가 있다! Footnote를 사용하여 여백에 글을 써 두는 방법과 같다고 하겠다. 논문 전체를 스캔을 하거나 다운로드를 해서 연구자가 사용하는 워드 프로세서로부터 Nvivo로 불러들여 작업을 할 수도 있다. 그러나 핵심이 되는 논문을 제외하고는 하드 드라이버의 용량을 너무 많이 차지한다는 이유에서 그리 권장할 만한 방법은 아니다. 또한 분석의 목적만을 생각하자면, 효율적인 접근 방식은 아니다. 문헌조사를 할 때는 반드시 목적을 생각해 두기 바란다. 책이나 논문은 이와 같은 목적에 부합되는 것들을 중심으로 자료 수집이 되어야 한다. 논쟁을 요약하거나 인용할 내용을 복사하는 과정을 신중하게 수행하고 연구자의 특정한 주제에 대한 이해의 정도를 강화시켜주는 역할을 하여야 한다. 당신의 비판 능력에 자극을 얻을 수 있는 텍스트와의 상호작용이 시작이 된 것이다.

대행 문서는 요약이나 논평을 보관하는 좋은 도구이다. 전에는 적합하지 않다고 판단했으나 생각이 바뀌면 언제라도 대행 문서를 추가시킬 수가 있다. 논문 인용 소프트웨어에서 필요한 인용 문구를 복사해서 Nvivo의 해당하는 대행 문서에 붙이기를 실행할 수도 있다.

3.3. 전략2 : 관련 문헌 구성하기

도구 2와 3 - 속성과 세트를 이용하여 구성

Nvivo 문헌 조사 프로젝트에서 대행문서를 몇 개를 만들고 나면 이 문서들을 정리할 방법을 생각해 보아야 한다. 저자, 출판년도, 출판 국가로 흔히 정리한다. 추가로 학문 분야와 주제로 분류할 수도 있다. 문헌 조사결과물을 정리하는 방법은 문헌 조사의 목적에 따라 다르다. 일단 문헌 정리를 끝마치면, 1990년부터 특정 학문 분야의 지정하는 주제에 대해 모든 관련 문헌을 불러 올 수 있다. 논문 인용 소프트웨어는 이와 같은 방식으로 논문 자료를 유용하게 분류해 준다. 그런데 Nvivo에서 이와 같은 작업을 하는 목적은 일단 논문 인용 자료를 수집하고 나면 이 자료들을 세트로 저장을 할 수 있다. 세트로 저장하고 나면 Nvivo의 강력한 검색 도구를 이용하여 필요할 때 마다 문서 세트를 더욱 정교하게 분석을 할 수가 있다.

문헌 조사를 Nvivo에서 정리할 때 주로 사용하는 도구는 속성과 세트이다. 문서의 특성을 가장 잘 나타내는 것이 속성인데 대행 문서가 문헌을 대표하게 된다. 연구자가 예시한 문헌 조사 연구에서 저자의 국가명과 출판 연도를 말하기 위해 'Nationality'라는 속성을 지정하였다. Nvivo Attribute Explorer에서 지정한 속성을 자세히 볼 수가 있다.

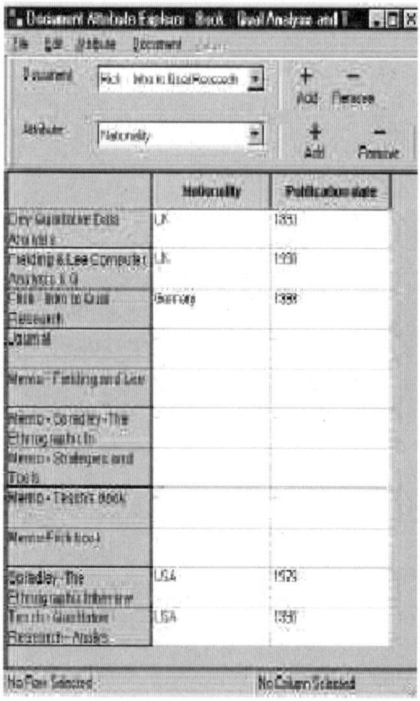

그림 4. 대행 문서에 지정된 속성의 예

위의 속성들은 데이터베이스 내의 책이나 논문에 관련된 속성들만 나타낸다는 점을 유념하기 바란다. 프로젝트 내에 있는 다른 문서들은 위의 속성들이 지정되지 않았다. 일단 속성이 지정되면 다양한 속성들을 불러 모아서 Nvivo 세트 편집기를 이용해 세트를 만들 수가 있다. 그림 5에는 1990년이나 그 이전에 발간된 모든 문헌을 Nvivo에서 자동으로 선택한 결과를 보여준다. Nvivo는 속성이 1990이나 이전 출판물인 문서를 여과를 하고 선택을 한다. 일단 선택이 되면 세트로 저장을 할 수가 있다.

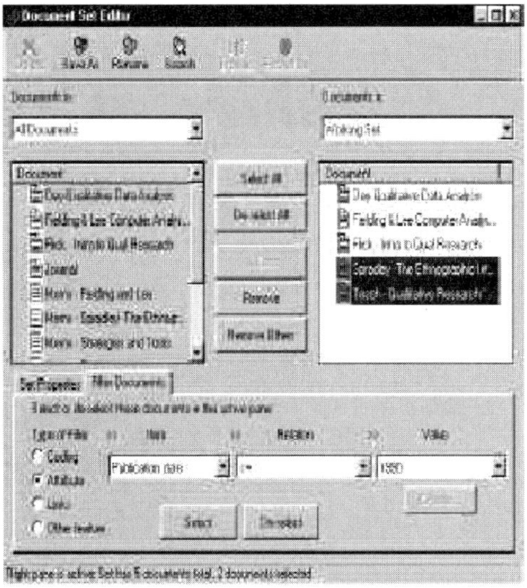

그림 5. Nvivo Set Manager
문서를 세트로 신속하게 정리할 때 사용 한다.

문서 목록의 아래에 있는 Nvivo Document Explorer에 세트나 문서 목록이 나와 있다. 1995년 이전과 이후에 발간된 책이나 문서를 살펴 볼 수 있을 것이다.

3.4. 전략3 : 특정 문헌에 대한 숙고와 비판

도구 4 – 대행문서의 메모

특정한 논문의 쟁점을 읽고 이해하면 이에 대해 당신이 처음 가졌던 생각의 범위를 확장하기를 원할 수도 있을 것이다. 쟁점을 좀 더 잘 이해하기를 위하여 내용을 나누어서 생각해 볼 수도 있을 것이다. 특정한 쟁점에 대한 당신의 생각을 적어보고 그것에 관한 비판을 해 볼 수도 있다. 당신이 발췌한 인용구를 대행 문서와 연결함으로써 당신의 논점을 지지할 수도 있을 것이다. 같은 주제를 언급하는 다른 논문을 언급해 볼 수도 있을 것이다.

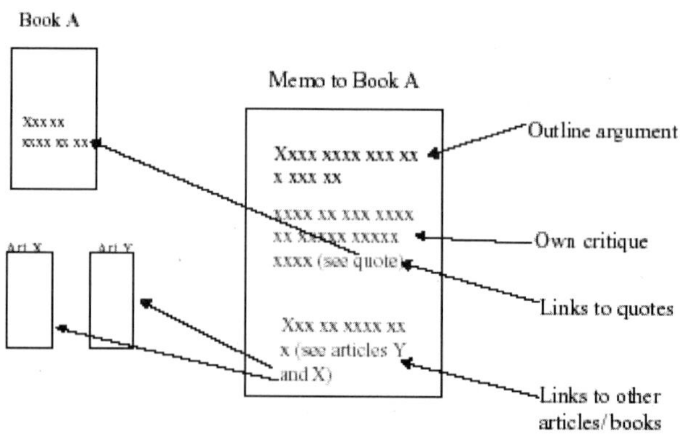

그림 6. 대행 문서에 메모하기

Nvivo에 있는 특정한 대행문서에 대한 메모가 바로 위의 과정을 수행하는 곳이다. 그림 6은 이 과정을 설명해 주고 있다. 책 A의 메모는 논점을 요약한 것이다. 논점에 대한 비판을 그 밑에 적어 두었다. 책 A의 대행문서에서 인용문으로 직접 들어가려면 NodeLink를 사용하면 된다. 다른 논문들에 대해 비판한 내용을 살펴보려면, 이와 같은 부분이 저장된 대행 문서로 바로 연결을 해주는 DocLinks를 사용하면 된다. 앞에서 보여준 그림 2에서 대행 문서와 함께 대행 문서에 기록된 메모 목록을 볼 수가 있다. 메모라는 말과 함께 그 메모가 해당되는 대행 문서의 이름이 나온다. 메모 목록에서 Fielding and Lee, Spradley, Tesch, and Flick의 책들을 볼 수 있을 것이다. 그림 7은 Uwe Flick의 책을 메모한 내용이다.

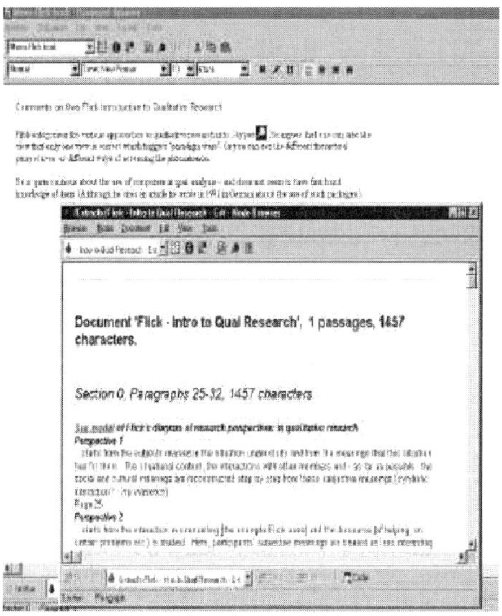

그림 7. NodeLink가 되어 있는 메모

질적 연구를 세 가지 유형으로 어떻게 연구자가 분류했는지를 Flick의 책에 대한 메모 부분을 보면 잘 알 수 있을 것이다. 참고 부분에 NodeLink가 삽입이 되어 있는 것을 알 수 있다. 노드 참고 부분을 클릭하면 Flick Proxy Document의 메모 아래에 창이 열린다. 질적 연구의 세 가지 유형을 언급하는 대행 문서의 일부 내용이 있다. 연구자만의 분류 방식을 반영하는 메모를 볼 수가 있다. 메모 내용을 다시 보기를 원한다면 논점을 연결해 두는 방법도 있다. Tesch의 대행문서에는 연결된 NodeLink가 있다. 저자의 분류에 대한 연구자의 생각과 연구자의 진행 과정을 두 가지 색깔로 구별해서 나타낸 문서가 있다.

3.5. 전략4 : 자료 축적 - 주제별로 모으기

도구 5와 6 - 코딩과 검색 도구

대행문서에서 코딩을 하는 방법에 대해 전에 논의한 적이 있다. 코딩은 특별한 주제에 대하여 정보를 모으는 도구로 사용할 수가 있다. 그림 8은 문헌 조사에서 이와 같은 용도로 코딩을 사용한 예를 보여준다.

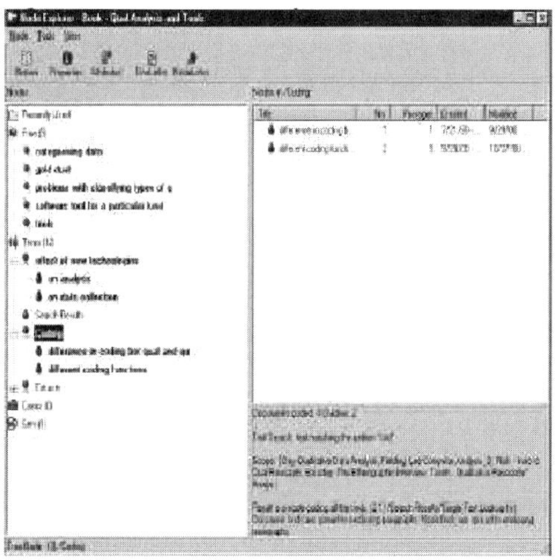

그림 8: 예시된 문헌 조사에서 사용된 코딩의 예

연구자가 만든 모든 코딩이 Nvivo의 Node Explorer 목록에 나와 있다. 예시한 문헌 조사에서는 코딩 도구의 일부 제한된 기능만을 사용하였다. 'coding'이라는 말을 찾기 위하여 Nvivo의 문서 검색 기능을 사용하였다. 코딩이라는 말을 전부 찾았는지를 확인하기 위하여 검색 결과를 면밀하게 재검토하였다.

부적절한 내용은 노드에서 삭제시켰다. 적절한 내용이 충분하게 코딩이 되어있지 않을 경우에는 코딩한 내용을 펼치기를 해 보았다. 'coding'으로 코딩이 된 모든 글이 'coded-on'이 된다. 이것은 코딩을 정교하게 다시 다듬어 나가는 과정을 의미한다. 이 경우에, 과정이 완전히 끝난 것은 아니고 두 가지 코딩에 관한 문제 - 'differences in coding between qualitative and quantitative analysis'와 'different coding functions space(within qualitative analysis)'를 계속 탐구해 나가는 것을 의미한다.

논쟁의 요약을 글로 옮기려고 할 때 대행문서에서 필요하면 내용을 언제라도 불러내어 인용할 수 있을 것이다.

일단 코딩을 하고 나면, 여러 가지 주제를 모아 Nvivo 검색 도구를 사용해 불러낼 수 있다. 간단하게 사용하는 방법으로 특정한 주제와 관련된 내용을 'gold dust'코딩에서 불러내어 사용할 수도 있을 것이다. 연역검색의 'Intersect(and)'를 사용하거나 좀 더 복잡한 검색도 가능하다. 예를 들면, 1995년부터 발간된 논문으로 검색의 범위를 제한하고, 특별한 종류의 분석을 위해 사용하는 소프트웨어 주위에 'different coding functions'을 검색할 수도 있을 것이다. 문헌 조사의 초기 단계에서 자료가 많이 들어와 있지 않기 때문에 흥미로운 결과를 줄 수 있는 충분한 수의 문서나 코딩이 되어 있지 않음을 알 수 있을 것이다.

3.6. 전략5 : 문헌을 근거로 논점 전개하기

도구 7과 8: 문헌 조사와 주제

메모

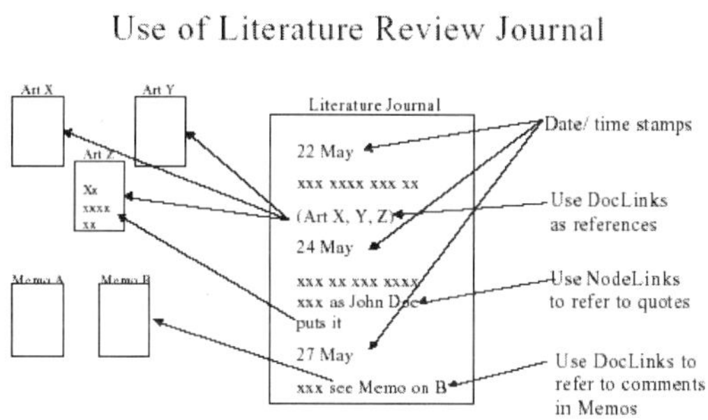

그림 9.

문헌조사 초기 단계에 사용하는 가장 필수적인 도구는 문헌조사 저널이다. 문헌 조사의 형태에 대한 연구자의 사고의 발달 과정을 기록해 두어야 한다. 기록한 내용마다 날짜를 표기해 둘 수 있다. 문헌조사 저널을 서로 다른 주제별로 나누거나 후에 참고해야 할 책이나 논문을 기록해 두려면 'housekeeping tasks'를 이용하여 주제를 분류해 나가는 방법도 있다. DocLinks나 NodeLinks를 사용하여 연구자의 논점을 백업해 둔 대행 문서와 연결하는 방법을 이용해 조사하는 논문에 대해 검토한 내용을 곧바로 써 나가면서 문헌 조사를 시작할 수도 있다. 논문을 작성 할 때에 일반적으로 인용하려는 내용은 DocLinks를 사용하면서 작업을 할 수 있다. 논문에서 인용할 내용을 NodeLinks를 사용해 곧바로 불러낼 수가 있다.

예시된 문헌 조사에서 저널은 아래의 3가지 섹션으로 분류가 되어있다.

a) 질적 분석 접근 방법
b) 컴퓨터와 질적 분석
c) 다음 단계

a)와 b)는 문헌 조사 시에 주로 참고하려고 하는 책의 주제를 말한다. c)는 'house-keeping'과 관련된 내용을 의미한다.

그림 10은 저널 문헌 조사의 초기 단계를 보여주고 있다.

그림 10. 문헌 조사 저널의 예

특정한 논점에 대한 생각을 좀 더 정교하게 다듬어 나가길 원한다면, 각각의 주제별로 메모를 작성할 수도 있다. 그림 11을 자세히 참고해 보기 바란다.

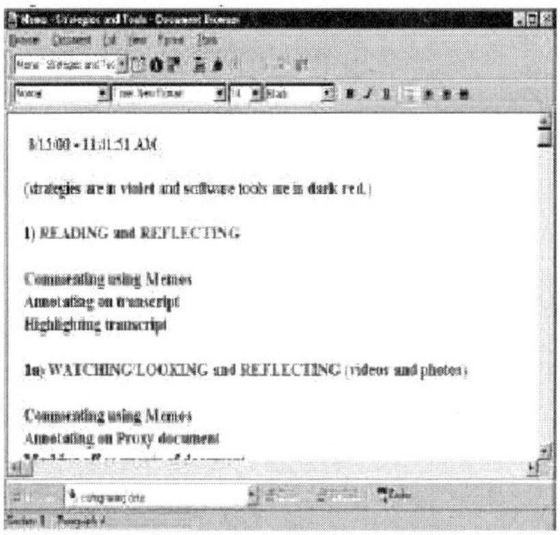

그림 11. 주제별 메모의 예

질적 분석과 이와 관련된 소프트웨어 코딩을 짝을 지어 나누고 이에 대한 연구자의 의견을 요약해 보았다. 문헌 조사와 연계한 연구자의 경험을 근거로 하여 작성되었다.

연구 주제와 관련지어 여러 가지 종류의 메모를 제한 없이 작성할 수 있다. 문헌 조사에서 출발해서 자신만의 논점을 작성할 수 있는 공간이 바로 이곳이다. 당신의 논점이긴 하나 문헌 조사에 근거를 두고 있나는 사실을 기억할 필요가 있다. 문헌 조사를 근거로 당신의 논점이 어떻게 발전해 왔는지를 Nvivo 도구를 사용하여 점검을 해 볼 수가 있다. 이와 같은 방법으로 문헌 조사에 대한 결과물을 작성할 수 있다.

3.7. 결론

지금까지 논의한 것처럼 문헌조사를 수행하는 것도 질적 연구 자료 분석의 또 다른 한 가지 형태라고 할 수가 있겠다. Nvivo를 사용하면 효율적으로 문헌 조사를 할 수 있다. 요약하면, 대행문서(Nvivo에서 즉시 만들 수 있는)는 특정한 저자의 논점이나 인용 내용을 요약하는데 사용한다. 이러한 내용들은 나중에 특별한 주제별로 불러낼 수 있도록 코딩을 한다. 특별한 책이나 논문에 대한 자신의 생각을 기록하고 자신의 논점을 만들어 나가려고 할 때에 Memos to Proxy Documents를 사용한다. DocLinks나 NodeLinks를 사용하여 다른 책이나 논문과의 연계를 시도해 볼 수 있으며 속성이나 세트를 사용하여 문서를 체계화 할 수 있다. 저자, 날짜, 학문 분야, 또는 검색의 목적에 부합하는 특정한 문서에 대한 제한 검색을 나중에 해 볼 수 있다. Nvivo에서 문헌조사 결과물을 저장해 둘 수 있으며 메모를 할 수 있다. 논문에서 일반적인 인용은 DocLinks, 직접 인용할 경우에는 NodeLinks를 사용하여 문헌 조사 부분을 곧바로 작성할 수 있다. 어떤 주제라도 자세히 검색해 보고 제한 없이 주제별로 메모를 작성해 둘 수 있다. 논문 인용자료 관리 소프트웨어에서 인용하고자 하는 내용을 Nvivo 문서로 복사해서 사용할 수도 있다.

문헌 조사를 위해 소프트웨어 도구를 사용함으로써 향후 수집할 인용문이나 연구 결과물을 자세하게 살펴보고 추가할 수 있는 문헌 조사 보관 창고를 만들 수 있다. 질적 연구를 수행하려는 연구자들에게는 질적 자료를 모으기 전에 Nvivo 사용법을 익힐 수 있는 좋은 출발점이 될 수도 있을 것이다. 질적 연구를 수행하는 연구자들은 Nvivo를 이용하여 문헌조사를 했을 때 그것이 바로 질적 연구를 수행하는 과정을 배우는 것이라는 것과 그 과정에 Nvivo가 얼마나 도움이 되는지를 알고 나면 한 동안 Nvivo가 주는 경이로움에서 벗어나기 어려울 것이다.